フォードシステムと
もの作りの原理

坂本　清

学　文　社

まえがき

もの作りには三つの基本命題がある。第一が「何のために作るのか、誰のために作るのか」であり、もの作りの目的、理念に関わる命題である。もの作りとは、本来人々の経済的、社会的生活の条件を提供することを目的とするものであり、したがって、もの作りを担当する企業は人々の経済社会の一機能を担ういわば「社会機能体」である。しかし、市場競争を前提とする資本主義経済社会においては、企業は社会的なもの作りを媒介に資本と利潤の拡大を目的とする「市場機能体」として現れる。この「社会機能体」と「市場機能体」という企業の二つの機能側面のどちらを重視するかということが、もの作りの第一の命題であるといえる。企業不祥事の相次ぐ現代の企業社会において経営者に問われることは、これら二つの側面を持つ機能体としての企業経営における経営者の理念、すなわち、経営者が真に消費者のために社会的、経済的な経営行動をとるのか、あるいは企業利益を優先して消費者または社会の利益に反する経営行動をとるのか、その意志決定の際の倫理感覚なのである。

第二が「何を作るのか、どのようにして作るのか」であり、製品開発、製法革新に関わる命題である。もの作りは消費者のニーズにもとづいて行われるが、そのニーズを満足させるために最適な製品作りをしなければならない。製品として具現される機能、構造、感性（デザイン）の最適な製品技術の追求、高品質な製品をより効率的に生産するためのしくみ作り、言いかえれば、より高品質な製品をより効率的に生産し、速やかに消費者に届けるための組織体制をいかに作るのか、いわば最適な生産システム作りが第二の命題である。

そして、第三が「どこで作るのか、誰が作るのか」である。もの作りは生産企業で働く労働者と経営者とによって行われるものであり、かれらの生産活動に対して給与が支払われる。その購買力が一国の経済の基本である。したがって、もの作りが国内のいずれの地域で行われるか、あるいは海外のいずれの国で行われるかということは、一国の経済のあり方を左右する。この命題は、生産のグローバル化が進展する現代のもの作り体制においてとりわけ重視される命題である。企業は、より多くの利益を求めて、または現代の日本企業のように海外での低賃金を求めて海外生産を始めるが、そこに働く人々は現地国の人たちであり、単純に考えれば、海外移転が進めば次第に日本で働く人々の雇用と購買力とがその領域で「空洞化」せざるをえない。このような生産と雇用の空洞化をどのように制御するのか、すなわち、国内生産と海外生産のバランスをいかにコントロールするのかということが、企業の、そして一国の政策的課題となるのである。

本書では、ヘンリー・フォードが構築した生産システムであるフォードシステムを三つの基本命題にそって論ずるのであるが、ヘンリー・フォードほどこれらの基本命題を明確に位置づけ実践した経営者はいない。フォードの経営思想、価値観をフォーディズムというが、「社会機能体」としての企業の目的・理念、そしてかれの経済思想、そこには現代企業・経営者が見失ったもの、言いかえれば今こそ学ぶべき多くの教訓がある。この点は本書第一章で取り上げる。また、フォードが展開したフォードシステムは現代大量生産体制の嚆矢であるが、第二、第三の命題がそのシステムの中に見事に体系化されている。すなわち、第一の命題を実現するために開発した高品質のT型フォード車を低価格で販売するために、生産革新によって低コスト生産を可能にし、資源生産、部品生産、製品組立を垂直的に統合するシステムの構築に成功している。海外では現地組立のみを行い、基本的に部品生産はアメリカ国内で行うことによって国内雇用の維持・拡大をはかっている。この議論は第二章で取り上げる。さらに第三章では、フォードの資源循環論について取り上げる。フォードは、将来の資源枯渇をも考慮に入れた資源循環システムの構築、資源の有効利用のための生産の動脈流と静脈流の統合を一企業の内部で実現した。それは現代の地球環境問題に対して多くの示唆を与えるものである。そして第四章では、太平洋戦争後の日本のもの作りシステムはフォードシステムから何を学んだのか、フォーディズムと日本的経営、フォードシステムとトヨタシステムを比較検討する。

以上のように、ヘンリー・フォードが築き上げたもの作りの思想と原理、経営者としての行動原理が現代のもの作りに与える示唆、教訓は余りに大きいものがあるといえる。『藁のハンドル』というタイトルで、フォードの一九二六年の著書を新訳した竹村健一は、その「訳者まえがき」（中央公論新社、二〇〇二年）において、フォードは「大企業の目的とは、国内はもちろん、世界じゅうの貧困をなくし、人々が生活のために辛い労働をすることから解放され、生活を楽しめるようにすることだ、という豊かな想像力に裏付けられた『信念』をもっていた」（五頁）と、その企業家精神を高く評価するとともに、「訳者解説」において、「フォードの提起した問題は、現代でも、なお解決していないことが多く、しかも、これだけ資本主義が発達した現代でも、なお示唆に富む指摘をいろいろしている（中略）。日本の松下幸之助氏は『三年先を見通せれば経営の天才』と言ったが、ヘンリー・フォードは一世紀先をも見通し、その先見性を実現する手段をも次々と開発していった文字どおりの天才である」と評している（二四四頁）。

たしかに、フォードが宗教的価値観に発する正義感や人々の幸福観についての信念と、世の中の大きな変化の潮流を見極める洞察力および機を見て決断・実行するたぐいまれな経営者能力とによって、現代の範となるべきもの作りの思想と先見的な仕組み作りを実現したことについて、これをどのように評価してもしすぎることはあるまい。それゆえ、ヘンリー・フォードのもの作りの思想と原理を現代の企業経営、もの作りのあり方に投射したときに何が見えてくるのか、何が問題となるのか、本書はこれらを考えるための素材の提供を目的としている。

最後に、厳しい出版事情の中で本書の出版を快くお引き受けいただいた学文社田中千津子社長に記して謝意を表する次第である。

二〇一六年三月

目　次

第一章

フォーディズムと企業の社会的責任論

一　現代企業経営と社会的責任

二〇世紀末葉から始まった市場革命の潮流は、二一世紀に入りますます大きなうねりとなって企業の行動を翻弄している。グローバルな適者生存競争を余儀なくされている現代企業は、コンプライアンス経営、環境経営、適正情報開示など、一方で企業の社会的責任を強く求められつつも、企業価値の増加に軸足をおく戦略に努力を集中せざるをえなくなっている。ましてや株主価値の増加を企業存続の基準とするガバナンス運営を迫られる現代の経営者は、公正で適正な経営活動に対する社会的倫理性、社会的責任性が曖昧になる。こうして、情報の操作と隠蔽、市場の操作と談合、資源操作と欠陥商品など、経営者の社会的倫理が問われる事例が後を絶たないのである。

歴史的にみれば、人間の経済的行為には倫理性が問われ、その目的の社会的適正性とこれに対する責任性とが、経済的行為の社会的正当性として論じられてきた。経営主体に対する倫理観、社会的責任観が問われ続けてきた。私利私欲による経済行為は厳に戒められ、社会的正義に反する行為として批判されてきた。西欧においては、たとえばキリスト教精神において人の道が説かれ、また東洋においては、たとえば『論語』に、「利に放りて行えば、怨多し」、「義にして然る後に取る、人其の取ることを厭わざるなり」（里仁第四）とあるように、「不義の利」（石田梅岩）は商人の正道ではないと戒められてきた。しかしながら、市場経済が進展するにつれ、営利的企業活動こそ社会発展の源泉であるとする資本主義経済システムが形成されると、生産と販売の企業活動は、次第に営利原則の下に市場機能体として展開するようになった。

企業は何のためにあるのか。企業は誰のためにあるのか。二〇世紀初頭、こうした企業の目的や社会的責任に関して問題を提起し実践した企業家にヘンリー・フォード（一八六三年―一九四七年）がいる。周知のように、フォードは、自動車生産をつうじてフォードシステムという大量生産・大量消費のシステムを構築したのであるが、このフォードシステムの根本にある経営理念がフォーディズムといわれるものである。本章は、「何のために作るのか、誰のために作るのか」というもの作りの第一命題との関連から、フォーディズムに焦点を当て、その歴史的意義について考察する。

二　企業目的と社会的責任および経営者倫理

企業経営とは、人々の物質的・精神的充足と社会的諸関係の発展を目的として、人的・物的資源を結合し、人々に有用な財やサービスを提供する活動である。しかしながら、市場競争と私的資本所有を原則とする資本主義企業においては、その目的は利潤の獲得を媒介として達成されなければならない。それゆえ、資本主義企業には、人々の生存条件の適正な発展を目的とする社会的目的（本源的目的）と、その目的実現の経済的源泉としての利潤の獲得を私的目的（歴史的目的）とする二重の目的がある。したがって、この目的追求のためには、個人が自然人として社会的ルールを守らなければならないように、企業は経済人としての社会的ルール、言いかえれば、適正な経済的（市場）ルールを媒介とする適正な社会的ルールを守らなければならない。適正な経済的ルールとは、適正な生産と消費の循環を実現するための適正な製品、適正な生産、適正な報酬（利益、賃金）であり、これらの適正性を保証するのが適正な情報である。

また企業の経済的行為を構造的に構成するものは、所有者、経営者そして労働者であるが、その経済的行為の対象がこの場合の社会である。すなわち、社会とは直接的な対象である消費者とこの経済的行為に関わる、あるいはその経済的行為の結果に関わる自然的・社会的・経済的対象のことである。したがって、経済的ルールと社会的ルールとは、本来対立するべきものではないが、それが対立するのは、市場と社会の間の適正性をめぐる矛盾であり、それは企業目的の二重性に発するのである。こうして、適正な社会的ルールの遵守をつうじて適正な企業目的を追求すること、それによって社会発展に貢献すること、それが企業の社会的責任となる。そして、この責任性に対する道徳的観念・意識が企業倫理なのである。

しかしながら、企業の経済活動を組織し運営する主体は経営者である。それゆえ、企業の社会的目的、社会的責任は経営者の経営行動をつうじて実現され、また企業倫理は経営者の経営倫理として現れる。このため、かれが当該企業の所有者自身であるか、あるいは所有者に委任された専門経営者であるかによって、経営者の社会的責任のあり方に変化が生ずる。所有経営者の場合、社会的責任のあり方は、企業の社会性に重点をおくか企業の利益性を重視するかというかれ自身の企業経営に対する倫理性に規制される。

一方、専門経営者の場合、社会的責任のあり方は、企業所有者の倫理性と経営者自身の倫理性との関係によって決まる。単数の所有者に委任された場合には、かれの社会的責任のあり方には所有者の個人的倫理観が大きく反映する。しかしながら、所有者が複数の場合、たとえば株主総会に委任された経営者の場合、かれの社会的責任は、私的目的を優先する株主の要求とかれ個人の倫理性の両面に規制されることになり、しかも委任という立場からすれば、利益目的をまず指向する可能性がある。こうして、企業の適正な社会的目的に対する責任性は利益目的に対する責任性に従うことになる。

以上のように、企業の社会的責任は経営者の倫理観に左右され、これをチェックするには企業目的と経営者行動に対する企業独自の倫理綱領を作るか、あるいは適正な社会的ルールまたはシステムを作り、その規制力をつうじて実現することが必要になる。経営者は、この社会的規制に従うことで自らの社会的責任を果たせるだけでなく、経営者の社会的倫理性に対する葛藤から解放されるのである。

三　フォーディズムと社会的目的論・社会的責任論

(1)　フォーディズム形成の背景

ヘンリー・フォードおよびその業績に関しては、数多くの文献資料が公刊されている。※ これらの資料によって、まずフォーディズム形成の背景について整理してみよう。フォードが生まれた一八六三年からフォード自動車会社が設立された一九〇三年に至る四〇年間とは、南北戦争後のアメリカ資本主義の技術・資本・労働すべての局面における疾風怒濤の時代であった。技術的に見れば、鉄の時代から鋼の時代へ、蒸気動力の時代から電気動力の時代へ、手動機械の時代から自動機械の時代へ、そして馬車の時代から自動車や飛行機の時代への大転換期であった。また、一八七三年の大恐慌に端を発する資本の集中・集積による「トラスト時代」の熾烈な企業競争は、周期的な恐慌を伴いつつも、多くの産業における寡占体制の構築をつうじて、アメリカ資本主義を世界最大の生産立国に押しあげるとともに、一攫千金をねらう事業熱が銀行と証券を媒介とする金融資本の蓄積を促進し、次第に事業そのものよりも貨幣の蓄積を目的とする拝金資本主義とも称すべき状況を生み出した。他方、この巨大な生産力は大量の移民を源泉とする労働人口の増加によって支えられたが、かれらの多くは言葉の問題や生活習慣の問題とともに、何よりも近代工場の労働規律に不慣れな人たちであった。

こうして、二〇世紀初頭のアメリカ資本主義は、巨大な生産力、急激な経済成長を背景に、次第に海外投資による海外の市場や労働への寄生、官民癒着による国・自治体への寄生を強めるとともに、「有閑階級」のマネーゲームによる腐敗状況、工業部門と農業部門との間の所得格差、コスト削減を求めて強化される労働環境を生み出していった。そして、このような動向を批判する人たちは、あるいは労働運動、農民運動に身を投じ、あるいは制度学派経済学などの金融資本主義を批判する思想を喧伝した。また、アメリカ合衆国の国際社会における地位の向上は、ドイツの独裁主義の台頭やロシア革命などの西欧における激動、地中海の覇権をめぐる西欧列強の対抗関係に強いインパクトを及ぼすものになっていったのである。

ところで、アメリカの工業発達は、産業革命以来の東部機械工業の発達が、西漸運動とともに次第に中西部の工業発達をもたらしたのであるが、フォードの出身地域を代表するデトロイトは、東西の水陸交通の要衝都市として、次第に造船、化学、食肉、厨房・暖房器具などの工業中心地として成長していった。そして、もともと農業入植者たちが開拓したこの地域が新興機械工業の中心都市として発達するにつれ、一方で企業の盛衰が金融資本によるマネーゲームの対象となり、他方でこうした腐った近代化に反発する農民たちの怒りが政治運動にさえ高まっていった。とりわけ、グリーンバック党の流れをくむ人民党は、一八八〇年代には独自の大統領候補を立てるまでに成長した。彼らの人民主義は、東部の資本家や金貸しを排斥し、禁酒主義を擁護し、そして善行としての農作業を信奉したのである。アイルランド出身の開拓農民の子息であるフォードが、ピューリタニズムの清浄主義とこうした社会的動向の下に教育を受けたことは間違いない。フォードの経営理念すなわちフォーディズムは、このような時代的諸環境の中で醸成されたのである（レイシー、六九頁、下川、第一章）。

※　本書で使用したフォードの著書は以下の四冊である。

(a) *My Life And Work*, 1922.（加藤三郎訳『我が一生と事業』文興院、一九二四年）

(b) *Today And Tomorrow*, 1926.（稲葉襄監訳『フォード経営』東洋経済新報社、一九六八年、竹村健一訳『藁のハンドル』中央公論新社、二〇〇二年）

(c) *Moving Forward*, 1931.

(d) *My Philosophy of Industry*, 1928.（『フォードの産業哲学』荻原隆吉訳、松山房巖松堂、一九二九年）

(a)は、フォード自動車会社とフォードシステムの形成・発展のプロセスを記したものであり、(b)は、最発展期のフォードシステムを貫く経営理念（フォーディズム）を明らかにすることによって、これが他の産業領域に適応できることを実証している。また(c)は、T型からA型への変更と大恐慌期におけるフォード自動車会社の停滞状況のなかで、フォーディズム、フォードシステムの有効性と重要性を論じたものである。これら三著は、フォードの事業と考え方をサミュエル・クローサーが代筆したものであるといわれるが、フォードの考え方は、これらを見ることでほぼ理解することができる。(d)は、プロテスタントであるフォードの産業哲学、いわばフォーディズムの根底に流れるフォードの信念をF・L・フォーロートがインタビューによって記したものである。

また、フォードの手記を編纂した(e)『フォードの事業と教訓』（能率研究部編、中外産業調査会、一九二八年）などもフォードの考え方を理解する上で役に立つ資料である。さらに、(f)『ヘンリー・フォードの軌跡』（豊土栄訳、創英社／三省堂書店、二〇〇〇年）は、フォードの全著作の完訳である『二〇世紀の巨人事業家・ヘンリー・フォード著作集』（豊土栄訳、創英社／三省堂書店、二〇〇〇年）から事業経営についての部分を抽出し一冊に編纂したものである。

なお本書では、(a)邦訳については、文体が旧仮名遣いなど分かりにくいため原典を使用し、また、(b)については稲葉襄監訳書を、(c)については(f)を使用した。以下、参照は、原典は英文字で、邦訳本については、「フォード・b、〇〇頁」と表記した。

一方、フォード研究に関係する数多くの文献資料のうち、フォーディズムの形成過程を研究する上で訳書として参考になるのが、ロバート・レイシー『フォード―自動車王国を築いた一族』（上）小菅正夫訳、新潮文庫、一九八九年（Lacey, R., *Ford, The Man And The Machine*, Vol. 1, Heinemann, 1986.）、チャールズ・ソレンセン『フォード―その栄光と悲劇』高橋達男訳、産業能率短期大学出版部、一九六八年（Sorensen, C. E., *My Forty Years with Ford*, 1956.）、レイ・バチェラー『フォーディズム』楠井敏朗・大橋陽訳、日本経済評論社、一九九八年（Batchelor, R., *Henry Ford*, Manchester University Press, 1994.）、下川浩一『フォード』東洋経済新報社、一九七二年などである。

(2) フォーディズムの根本思想

つぎに、フォーディズムの根本にあるフォードの思想について考えてみよう。第一に、フォードの倫理観についてである。フォードは、人間の行為に対して、人間は、理性と法に従い「その正しき道を得、其の正しき道に依って働け、さらば諸君は世界を貧窮もなく、不正もなく、又た、難澁もなき世界を有つことができます」（フォード・d、四一頁）というキリスト教倫理観を基本に、自然人としての正しい行為についての倫理観を提示する。すなわち、「私共の行爲の動機は、人生そのものと、風馬牛であるやうな善を、成し遂げることではなくて、肉體的にも、意識的にも、靈的にも、本然の正義を實現することでなくてはなりません。斯くてこそ、私共の所謂社會と稱する複雑な機関が、有効にその機能を果たし得るのです」（同、三六頁）と。このように、フォードは、人間社会の目的は、人々の正義的行為という倫理性を根源とした労働によって人々の幸福と平和な世界を構築することであり、国家の目的もそこにあると考えた。それゆえ、人間の理想社会の構築のためには、貧困や搾取・収奪、過酷な労働、戦争や不正行為があってはならず、人間の経済活動は、こうした倫理性に基礎をおく社会目的に貢献するものでなければならない。すなわち、「産業の終着点は、人々が頭脳を必要としない、標準化され、自動化された世界ではない。その終着点は、人々にとって頭脳を働かす機会が豊富に存在する世界である。なぜなら、そこでは人間は、もはや朝早くから夜遅くまで、生計を得るための仕事にかかりきりになるというようなことはなくなるだろう。（中略）産業の真の目的は、この世をよくできた、しかも安価な生産物で満たして、人間の精神と肉体を、生存のための苦役から解放することにある」（フォード・b、九九―一〇〇頁）のである。

このような考え方は、当時のヨーロッパ移民の間では特にめずらしい倫理観ではなかったといわれるが、フォードは、多様な宗教や地域からの移民労働者に対してもこの倫理観に基づく日常生活を要求したのである。禁酒、節約、勤勉、信仰などで、それはフォード流５Ｓ（整理、整頓、清潔、清掃、躾）政策や、悪名高き「社会福祉部」の創設などに現れることになる。フォードにとっての理想社会は「旧き良きアメリカ」であり、その郷愁は「グリーンフィールド村」の建設に見られるが、そこは晩年のフォードの心のよりどころになったのである（バチェラー、第一章）。

(3) フォードの経済思想

第二がフォードの経済思想である。フォードは、まず、社会の経済原理はいかなるものかを問うている。人間生活の根本作用とは、「要するに農業、工業及び運輸である。これ等の三者がなくしては、人間の社會的生活は不可能であり、この三者は世界を結束するところの綱である。物を生じ、物を作り、物を運ぶといふことは、人類の慾望の始源と共に、舊《ふる》い生活作用であるが、その必要は現在に於ても何等變りがない」(フォード・e、一一頁)。すなわち、農民出身のフォードは、常々その過酷な労働を改善するために、農業の機械化と人々の経済圏の拡大とを主張するのであるが、その媒介となるのがトラクターであり、自動車すなわち輸送手段であった。それゆえ、トラクターおよび自動車を生産し農民がこれを使用するということがフォーディズムの根幹にあったことは間違いないが、自動車の生産規模が拡大するにつれ、部品の輸送問題が重要課題になるに及んで、この三者の結合こそが国の経済原理であると確信したのである。

つぎに、フォードは経済価値の根源を問う。「現在の人間生活の経済的根本要素とは何であるかといへば、それは勞働である。この勞働は天地萬有をして、人間の利益のために、効用を発揮させる有力なる要素である。(中略)われ等は、われ等自身が創造し得ない物料、即ち自然に依って與《あた》へられたものに対して、われ等の勞力を加へ、日夜生活を續けていくのである」(フォード・e、一七頁)として、経済的価値の根源が労働にあると考えた。それゆえ、労働をいかに組織化し経済原理の根幹である輸送手段の大量生産を計るか、そしてこれを大衆の大量消費にいかに結びつけるか、それがフォードの自動車生産の根本思想であった。

(4) フォードの企業観

第三に、フォードの企業観である。フォードは「事業はカネではない。それは、アイデア、労働および管理から成り立っており、そしてこうしたものが本来持つ特性を表すのは、配当ではなく、効用、品質および有用性」(フォード・b、二八三頁)である。したがって「私の考え方からすれば、株主とは、その事業に積極的にかかわり、その会社を金を作る機械としてでなく、社会への奉仕の道具と考える人でなければならない」(Ford, a, p. 161)として、企業を生産活動をつうじて社会に奉仕する「制度」「道具」(institution, instrument)と考える(Ford, a, p. 19, p. 135)。利益は企業に帰属するものであって、企業の成長のために手段として使用するべきものである。それゆえ、何も貢献せずに利益を収奪する銀行資本や不在株主は否定されねばならない(Ford, a, p. 162)。このようなフォードの考え方は、当時のアメリカ資本主義の寄生的性格を批判する制度論的思考につうずる考え方であるが、かれは専門経営者支配論を採らず、株式分散を否定する所有経営者論を採る。それが企業目的を実現するための最大のガバナンス効果であると考えたのである。

つぎに、フォードは企業共同体論を主張する。「一人以上の人間を雇用する事業は、どれも一種のパートナーシップである。経営者が仕事で助力を必要とする瞬間、たとえそれが子供であったとしても、かれはパートナーをもつことになる。(中略)資本家も労働者も、自分達を一つのグループと考えることなど全く馬鹿げたことである。資本家と労働者はパートナーなのである。（中略）高い賃金を払うのは経営者ではない。もちろん、それができるかできないかはともかく、その責任はかれにある。しかし、かれがそれを一人で実現することなどありえない。従業員がそれを稼ぎ出さない限り高い賃金など払えない。従業員の労働力が、高賃金のための生産要素なのである」（Ford, a, pp. 117-119）、「賃金は、パートナーシップの分配金である」（Ford, a, p. 121）と。すなわち、企業は経営者、労働者、そしてそれを支える消費者の共同作業で成立するのであって、その共同性を否定する利潤主義や組織労働による圧力は否定されなければならなかったのである。

(5) 企業目的論・社会的責任論

フォードは、企業の社会的役割とその目的についてつぎのようにのべている。「生産者の役割は、社会の人々の快適な生活に貢献することである。生産者は社会の一つの道具であり、より良い品物をより低い価格で大衆に提供し、同時に、仕事に従事するすべての人に、その働きに応じてより高い賃金を支払えるように会社を経営する場合にのみ、かれは社会に奉仕できる。こうすることで、こうすることによってのみ、生産者や事業に携わる者は、その存在を正当化できるのである」（Ford, a, pp. 134-135）。それゆえ、「事業家ならば、社会全体の利益を考え、社会に奉仕することを望み、断固として社会に貢献するべき」（Ford, a, p. 164）なのである。

このように、企業の目的とは、高品質・低価格の製品を社会に供給することで大衆に奉仕すること

（奉仕動機）、および大衆の一部である労働者に高い賃金を保証すること（賃金動機）であり、利潤・配当を目的とするもの（利潤動機）ではない。換言すれば、フォードは、雇用を拡大し高賃金を支払うことによって社会的購買力を高め、これに対して消費者の欲求する高品質・低価格製品を過不足なく供給すること、このような大量生産と大量消費の循環システムすなわちフォードシステムの構築をフォード自動車の目的としたのである。

しかしながら、重要なことは、このシステムが大量消費を前提とするのであって大量販売を前提とするのではないということである。いわく「目新しさばかりを追求して、より改善した品物を売ることをしなければ、奉仕とは言えない」（Ford, a. p. 56）のであり、「大衆にその製品を無理に買わそうとしたり、あるいはすでに十分物を持っている顧客にさらに売り込もうとするような事業は危険なのだ。自らの製品を正しく説明しないような事業も非常に危険である」（フォード・f、二九八―二九九頁）と。これは、次第に一般化するGMのマーケティング戦略に対するフォードの一貫した姿勢であった。

それでは高賃金・低価格とは何か。フォードはここに適正賃金、適正価格、適正利益という社会的ルールとしての適正概念を提示する。すなわち、適正賃金とは、人間を働く気にさせる最低の金額でなく、雇用者が安定的に支払える最高の金額のことであり、適正価格とは顧客が負担できる最高価格でなく、品物が安定的に売れる最低の価格のことである（フォード・b、一八七頁）。また、適正利益とは、過大な利益であってはならず、奉仕動機の結果としてもたらされる利益のことである。すなわち、「利益は三カ所に属する。第一に利益は事業そのものに属する。それは、事業を着実に、前進的に、そして健全に維持するためである。第二はそれを生み出すのに努力した従業員に属する。そして第三に、利益は大衆に属する。こうして、成功する事業は、これら三種の利害関係者（計画者、生産者、購買者）に利益を与えるのである。また、健全な基準の下に経営してなお過大な利益がある場合は、まず価格を下げるべきである。しかし、一般にはそうはしない。かれらはすべての余分なコストを消費者の負担に転嫁する。（中略）かれらの事業哲学は『取れる間は取れ』ということである。かれらは、事業家ではなく投機家であり、搾取者であり、常に正当な事業を傷つける不良分子である」（Ford, a, p. 164）とのべる。

こうして、フォードは、企業が平和で豊かな社会の実現に向けて努力し、そしてこの目的のために、これを社会的責任として正義的行動をとるところに経営者の倫理性があると考えた。フォードがフォード自動車会社の株式をすべて買い集めたのも、このような目的実現のためであり、当時の「利潤動機」主義の株主たちの影響を排除するフォードの挑戦であったのである。

四　フォード社会的責任論の歴史的意義

以上のように、フォーディズムにおける社会的責任の内容をなすものは、フォードシステムをつうじて消費者大衆の物質的・精神的満足を実現するという社会的貢献と、適正概念に基づく社会的ルールを社会的規制としてでなく、事業システムの中にビルトインすることであった。そして、それは自然人としての、また経済人としての厳しい倫理観を背景とするものであった。最後に、このフォード社会的責任論の歴史的意義について考えてみよう。

フォーディズムは、アメリカが大量生産体制を確立するその転換期に登場した経営思想である。それは、「旧き良きアメリカ」からモダニズムへの転換期、すなわち熟練からオートメーションへの転換期であった。フォード社会的責任論は、この「旧き良きアメリカ」を背景とするものであり、しかるにフォードの実現したフォードシステムはフォードが批判するモダニズムそのものであった（バチェラー、第一章）。言いかえれば、モダニズムから最も疎外されたのは実はフォードその人であったのである。

その結果、所有経営者となったフォードの経営は、フォードシステムを維持するための合理性と「旧き良きアメリカ」思想に基づく専断的経営とを統合するきわめて矛盾した性格を持つものとなった。言いかえれば、フォード社会的責任論は、このような専断的経営を前提に展開されざるを得なかったのである。フォードにとって労働者は、同じ思想を持つ協働者でなければならず、経営組織はフォード自身であり、利益は社会に帰属するものであった。一九一四年倍増した賃金は一九二〇年には業界と肩を並べるとともに、徹底した労働の単純化・無内容化が労働者の離反を招き、また反抗する労働者は弾圧した。さらにフォードの考える社会すなわち消費者大衆に対する固定化した概念が、変化する消費者の欲求を理解できず、結局はＧＭに主導的立場を譲らねばならなくなったのである。下川浩一によれば、それがフォードの「産業的家父長主義」の帰結であり、「独善主義的自己矛盾」の中身であった（下川、第三章）のである。

それにもかかわらず、例えば、高賃金政策についてソレンセンはつぎのように評価している。「フォード社の従業員の購買力が増加したという事実には、社会的な意味はほとんどなかった。しかし、フォード社の従業員の購買力の増加によって他の人々の購買力が増加し、つぎつぎと連鎖反応を起こしたのである。真の意義は、フォード社の高賃金政策はまさに先駆者であり、やがてアメリカ産業界の手本となったことである」（ソレンセン、一六二頁）。また、フォードT型は、高品質・低価格化による大衆への奉仕という産業の流れを作り上げ、さらに当時労働運動の闘争課題の一つであった八時間労働制をいち早く導入して産業界全般での労働時間短縮のさきがけとなった。その意味では、フォード社会的責任論はきわめて意義ある社会的貢献をなしたのである。

近年のフォーディズム評価は、労働論や生産システム論から論じられることが多く、社会的責任論から分析されることはほとんどない。しかしながら、ドン・キホーテのような存在であったとしても、フォーディズム社会的責任論の果たした歴史的役割は、良い意味でも悪い意味でも再評価の価値があると考える。また、二一世紀の現代において、その時代的特質を二〇世紀初頭と比較すれば、企業の社会的・経済的・技術的環境がきわめて類似していることがわかる。株主価値とりわけ機関投資家による配当要求と、企業の社会的責任が問われる対立的経営環境もきわめて類似している。われわれは、このような環境に敢然と挑戦したフォーディズムの歴史的意義を認めるとともに、現代の企業の社会的責任（CSR）問題の性格と規制のあり方を考える場合にこの心情を受け継ぎたいのである。

第二章 フォードシステムと生産原理の革新

一 フォードシステムと大量生産体制

二〇世紀は大量生産の世紀であった。一九世紀における動力および鉄鋼そして機械技術の進歩、ビッグビジネスによる生産の大規模化、テイラーシステムに見られる作業の科学化の進展、都市の発達と人々の生活水準の向上、二〇世紀初頭のアメリカ合衆国におけるこれら資本・技術・労働そして人々の生活の展開が、フォードシステムによって創発された「大量生産の原理」に統合され、それが二〇世紀全般の産業、社会、文化に与えたインパクトの大きさから、「第二次産業革命」（ドラッカー・a、一七頁）とさえ評価されている。P・F・ドラッカーは、そのインパクトの大きさについて、「ヘンリー・フォードが最初の『T型』を製造してからわずか四〇年たらずの間に、この原理は社会の基盤を変形してしまったのであるが、それは、その速さにおいて、その普遍性において、その衝撃において、人類史上未曾有というべきものであった」（ドラッカー・a、一三頁）とのべている。また、D・A・ハウンシェルも同様に、この「大量生産のエートス」の生成と発展そしてその産業および社会に対するインパクトについて、「工場制度に第一の産業革命が対応していたように、大量生産は『新』産業革命、つまり第二の産業革命に対応している」（ハウンシェル、三八九頁）と論じている。

「大量生産の原理」を生みだしたフォードシステムは、このように、労働の様式の変革を基盤に製品の機能と構造の革新、生産の効率化と大規模化をつうじて、自動車産業のみでなく、産業全般における二〇世紀型大量生産システムをもの作りの新たな原理として生みだし、さらに、これら大規模化した生産に対応する消費の規模の拡大を雇用の増加と高賃金で保証することによって、働く人々すなわち大衆の生活水準の向上に寄与する「原理」、大量生産・大量消費の生産システムを実現したのである。しかも、人々の所得の向上が、労働生活と社会生活に対する意識の変化をつうじて、人間生活における人々の諸関係に重大なインパクトを与えたことは、フォードシステムの人類史に対する貢献であり、また問題点なのである。

このような意味において、第二次世界大戦におけるアメリカの勝利は、まさに圧倒的な生産能力を発揮したフォードシステムの勝利であった。戦後、世界の先進諸国は、フォードシステムの導入によって経済の再編をはかったが、それは、わが国についても同様で、戦後経済の復興・再編は、フォードシステムを基盤とする生産システムの再編によって展開された。日本的な社会システムとの統合による日本型生産システムは、「大量生産の原理」を遺憾なく発揮し、先進資本主義諸国の「黄金の六〇年代」を象徴する高度経済成長を実現したのである。またその過程で、日本人の生活スタイル、社会的諸関係、さらには人々の価値観にまで「大量生産の原理」が、いわば「モダニズム」として反映されてきたことも周知のことであろう。フォードシステムは、まさに二〇世紀文明そして文化の原点となったのである。

しかしながら、フォードシステムは、必ずしも積極的側面のみが評価されてきたわけではない。機械の導入によって仕事そのものから排除されることに反対した第一次産業革命時の労働者の運動と同様、標準化された単工程反復労働というフォード型労働に対する労働者の反発は、その後の大きな社会的問題になった。また、第二次世界大戦後のフォードシステムの世界的普及とともに、労働の自律性の回復を求める「ポスト・フォーディズム」運動が、生産システムの進化を促す理論的・実践的な問題提起として展開されてきたことも記憶に新しい。以上のように、二〇世紀文明を生産システム論から見るならば、二〇世紀はフォードシステムの世紀であったといえるのである。

それでは、そもそも大量生産とは何か。それは、たんに生産規模の拡大を意味するだけではない。たんなる機械化を意味するものでもない。ドラッカーはこれを生産のシステム化に求めている。すなわち「大量生産は、今世紀の科学技術に新局面が追加されたことの実例を示すものである。新局面とは、すなわちシステム・アプローチである。大量生産は、一つの事象ではない。諸事象の集合でもない。それは、生産過程の統一的な観点を示す一つの概念である。もちろん、大量生産は、機械や工具などの多くの（事象）を必要とする。しかし、大量生産は、それらから始まるのではなく、それらがシステムの観点から理解されるのである」（Drucker, b. p. 70）と。すなわち、フォードシステムが大量生産システムの原点であることの理由は、たんに生産規模の巨大な飛躍であっただけでなく、それが、新たなもの作りのシステムとして概念化されたこと、換言すれば、生産システム諸要因の個別最適化のみでなく、それらを統合するシステムとして最適化したことである。その統合のシステム原理こそ、フォードシステムが生産システムの新たな次元を画する「概念」の内容をなすのである。

本章の課題は、このような「大量生産の原理」を生みだしたフォードシステムのシステム原理について、原点に立ち戻って再検討することによって、フォードシステムが、熟練の機能、分業の機能の組織体制としての生産システムの進化において、新たな段階を画するいかなる革新をなしたのかを解明することにある。そして、それが、現代工業生産が課題とする次世代生産システムの構築に対して、いかなる示唆と教訓を有するものであるかについて検討することにある。

二　先行研究とフォードシステム研究の意義

フォードシステムに関しては、欧米をはじめ、わが国においてもこれまで数多くの研究が行われてきた。それは、カール・ベンツやゴットリープ・ダイムラーをはじめとするヨーロッパにおけるガソリン自動車の技術的発展を背景に、アメリカにおいて自動車という人類の夢を大衆にもたらしたヘンリー・フォードの偉業と、そのために開発されたフォードシステムというもの作りの革新が、世界に及ぼした影響力の大きさを反映するものである。社会科学の多くの領域において、ヘンリー・フォード、フォード社、フォードシステムが研究の対象にされてきたことは周知のとおりである。

わが国における研究を振りかえれば、フォードの最初の著書 *My Life And Work* が加藤三郎によって出版翌々年に翻訳されたのをきっかけに、一九二〇年代からフォードシステムの研究が、にわかに脚光を浴びることになった。一九二五年、二七年にはフォード社、GM社がそれぞれ日本に組立工場を新設したこともあって、フォードシステムに対する産業界の関心は大いに高まった。一九二六年には、フォードの二冊目の著書 *Today And Tomorrow* が出版され、有川治助『ヘンリー・フォード』（一九二七年）は、これらフォードの二著をもとに、A・L・ベンソン（Benson, 1923）その他の文献を駆使するとともに、フォード社に体験入社した「学友」から、その人事手続き、作業状況、管理状況などを学び、それらを参考に、人としての、企業家としての、経営者としてのヘンリー・フォード論を展開した大著（大内兵衛が有川を改造社に紹介したとある）である。二年後には五四版に達したと当時の出版広告に見られることから、昭和初期の恐慌時に、日本資本主義の行き詰まりに対してフォードシステムにその活路を求めようとする当時の産業界の経営環境が想像できるのである。翌一九二八年には、『フォードの事業と教訓―ヘンリー・フォード手記』（中外産業調査会）が出版され、また、一九二九年に、フォードの *My Philosophy of Industry* (1928) が『フォードの産業哲学』（荻原隆吉訳）として翻訳され、一九三〇年には、マネジメント社が『フォードの工場経営原則』を出版している。これは、フォード社の工場経営を資料の一部に採り入れてまとめられたL・P・アルフォード著（Alford, 1928）に示される「工場経営原則」にもとづいてフォード社の工場経営を分析したものである。

一九三〇年代にはいると、ゴットルをはじめとするドイツ経営経済学の影響のもとに、フォードシステムに関する理論的研究が行われ始めた（Gottl, 1926）。本書では中西寅雄『經營經濟學』（一九三一年九月）および宮田喜代蔵『經営原理』（一九三一年一〇月）を取り上げるが、まず中西を取り上げよう（宮田については、第四節で取り上げる）。中西は、わずか一七頁という紙幅で、フォードシステムの生産組織的意義とその本質を見事に解明している。すなわち、フォードシステムの特質は、①製品の標準化と大量生産、②生産の分業化、とくに流動作業、③生産の機械化、特にコンベヤーであり、「厳格なる意味よりすればフォード経営の特徴は、コンベヤーを伴う流動作業組織に集約せられる」（中西、一三七頁）と、製品の標準化を「前提条件」とする「コンベヤーを伴う流動作業組織」の導入に革新的意義があることを明確にしている。とくに、流動作業組織については、古林喜楽（一九三〇年）を引用しつつ、[1]「流動作業の特質は生産過程の細分化と、製品の技術的生成の順序に基づくその結合とによって、生産過程を時間的に又空間的に相互連続する一つの単流作業たらしむる点にある」（中西、一四二頁）とし、原料生産から製品販売までの「垂直的結合」はその必然的方向であると結論づけている。中西の研究は、その後のわが国のフォードシステム研究の基礎を築いたといえよう。[2]

中西の議論は、その後、藻利重隆『経営管理総論』（初版一九四八年）に引き継がれた。藻利は、フォードの著作を詳細に分析し、中西と同じくゴットル理論を照射しながらフォーディズムとフォードシステムとを区分し、その理論化と体系化を行った（藻利の理論は、中西・宮田の影響を強く受けていると思われる）。藻利は、フォーディズムすなわちフォードの経営指導原理「低価格・高賃金の原理」の現実的展開である生産合理化をフォードシステムと位置づけ、その生産合理化の内容は、生産の標準化と移動組立法とにあるとした。生産の標準化を構成するものは、①製品の単純化、②部分品の規格化（互換性部品）、③工場の特殊化（肢体経営）、④機械および工具の特殊化（専門機械化）、⑤労働の「機械的化」であって、大枠としては中西と同じである。また、移動組立法は、機種別職場作業組織から品種別職場作業組織への変更を前提に、これをさらに組立線（アセンブリライン）に編成し、コンベアを手段として作業のタクト制とその時間的規則性を強制する「コンベア・システムとしての流れ作業組織」であるとしている。こうして、藻利は、「製品である自動車の最終組立線が工場を貫流し、その側面にこれに連結する無数の組立支線が設けられ、自動車生産の全作業が時間的強制進行性をもって完全に同時化せられている光景においてこそ、われわれは、フォードの移動組立法の特質がもっとも鮮明に描き出されていることを知るのである」（藻利、一五九頁）とのべ、フォードシステムの本質は、この「生産活動の総合的同時化」であると結論づける。生産の標準化は、その前提であり、また、移動組立法はその手段である。この点において、すなわち「移動組立法」を手段と位置づける点において、藻利の見解は中西と異なる。そして、藻利は、経営管理としてのフォードシステムは、「広義のフォードシステム」（生産管理としてのフォードシステムと労務管理としてのフォードシステムとの二重体系化）（藻利、一七六頁）であるが、労務管理としてのフォードシステムには特に顕著な特質はなく、生産管理としてのフォードシステム（狭義のフォードシステム）すなわち「生産活動の総合的同時化」にその本質を求めるべきであると結論づける。たしかに、大規模経営の利益目的で展開される、補助経営（機械製造、鉄道、船舶など）、副次経営（屑物、廃物の再利用）、あるいは原料部門にまでさかのぼる主要経営の垂直的発達、それらが総合的に構成されるところにフォードの「垂直的結合経営の特殊性」があるが、そこにフォードシステムの本質を認めることはできないとしている（藻利、一八一頁）。

以上のように、藻利のフォードシステム論の特質は、フォードシステムの本質を生産合理化としての、生産管理としての生産システムに限定したところにあるが、(3) その後のフォードシステムのシステム原理に関わるわが国での議論に大きな進展はなかったといえる。それは、わが国経営学のドイツ経営学からアメリカ経営学への潮流の変化に原因があったのかもしれない。フォードシステム研究は、「フォードシステムとは何か。そのシステム原理は何か」から「フォードシステムはどのように形成されたか。したがってどのように衰退したか」に課題設定が変わっていったのである。そしてわが国のフォードシステム研究に大きな影響を与えたのが、A・チャンドラー『競争の戦略』（Chandler, 1964）である。本著には二つの背景があると考えられる。第一に、一九二〇年代後半以降、アメリカ自動車産業の発展が実はGMを中心に展開されてきたことである。すなわち、大量生産の担い手である大企業は、フォードシステムとは別の「原理」でも形成されるということ、したがって、フォードシステムは歴史的規定性の中で評価されるべきであること。第二に、フォード社に関しては、A・ネヴィンスのフォード社史の大著（Nevins, 1954）、フォードの右腕C・E・ソレンセンのフォード社人生から見たフォード論（Sorensen, 1956）などの出版によって、一九二二年からのフォード三部作、ハイランドパーク工場の現場観察記録であるH・L・アーノルドらの大著（Arnold, H. L. and F. L. Faurote,

1915, 以下 Arnold とのみ記す）と合わせ、研究の資料が大きく膨らんだこと、また、GMに関しては、A・P・スローン『GMとともに』（Sloan, 1963）が出版され、GMの発展過程と巨大企業の経営のあり方が明らかにされたことである。チャンドラーの意義は、アメリカ自動車産業の歴史を、自動車市場の変化をめぐるフォードとGMの戦略の歴史として捉え直したところにある。フォードシステムは「フォードの成長戦略」として位置づけられたのである。

下川浩一『フォード』（一九七二年）は、チャンドラー方法論に依拠しつつ、フォード社の形成・発展・衰退・再編のプロセスを実に克明に分析し、その中で、フォードシステムの生産システムとしての意義とその資本主義的本質を分析している。とくに、フォードシステムのシステム原理に関しては、藻利に依拠しつつ「生産の同時化」のプロセスを論じている。この点では、わが国のフォードシステム研究の方法論を引き継いだフォードシステム研究の一つの集大成といえるであろう。

いま一つの集大成は、塩見治人『現代大量生産体制論』（一九七八年）である。塩見は、産業革命段階、アメリカンシステム段階、テイラーシステム段階につづく現代大量生産発達史の第四の発展段階としてフォードシステムを位置づけ、これを作業機構と管理機構という視角からネヴィンス、アーノルドらの資料をきわめて詳細に分析してその技術過程を解明し、それが、作業と管理に関わるそれ以前に発達した諸要因をコンベアという機械的搬送手段を使ってシステム化したもの、いわば藻利「流れ作業組織＝同時管理」であると特徴づけ、これを「機械コンビナート」と呼んだ。そして、現代大量生産体制は、作業機構の自動化、管理機構のコンピュータ化を媒介にした「フォード・システムの直接的な発展形態」（塩見、三〇七頁）であるオートメーション化に本質があると結論づけている。フォードシステムのシステム原理に関する研究は、近年、ハウンシェル『アメリカン・システムから大量生産へ』（Hounshell, 1984）によって、アメリカン・システムからフォードシステムにいたる大量生産技術の発展過程研究として行われた。その中で、ハウンシェルは、フォードシステムのシステム原理を「動力と正確さ、経済性、システム、連続、速度という諸原理」（ハウンシェル、二九〇頁）と規定し、それぞれの諸原理の展開過程として、当時の新たな資料を用いながら、フォードシステム形成のプロセスを再検討して、「大量生産のエートス」とは何かを問い、もの作りとは何か、生産技術の発達は人類を豊かにしたか、という技術の本源的な意味を問うている[4]。

本著の翻訳者の一人、和田一夫の大著『もの作りの寓話』（二〇〇九年）は、ハウンシェルの方法に従い、「フォードからトヨタへ」として、日本企業へのフォードシステムの導入プロセスとトヨタ自動車の生産方式形成のプロセスを豊富な実態資料をもとに分析した。本著において、和田は、これまでのフォードシステムの理解は「誤解に満ちている」（和田、二頁）とし、正しいフォードシステム理解のために、「予備的考察」としてフォードシステムの再検討を行っている。そして、その「誤解」の原因は、フォードシステムの本質とされる「移動式組立ライン」のみに焦点が当てられてきたことにあるとして、組立工程革新のプロセスを、ハウンシェルをはじめ、労働時間、生産性の推移に関する近年の論文に依拠しつつ、「工場群としてのフォードシステム」の全容を明らかにしている。そして、「大量生産のエートス」というハウンシェルの理念的な課題設定を具体化し、フォードシステムの特質、および日本への導入プロセスを、生産技術・技法の導入・開発のプロセスとして、また言うならば日本の産業界の「エートス」として分析しているところにその特徴があるといえよう。

以上、日本における研究を中心に、フォードシステム研究の大ざっぱなまとめを行った。しかしながら、ここでは、フォード型労働のあり方における「労働疎外」に関するフォード型労働批判の流れ、また一九八〇年代以降のフレキシビリティ論争におけるフォーディズム批判については触れていない。この点については、本章がフォードシステムの形成過程に焦点があること、フォードシステムのシステム原理を再検討することに課題があることから取り上げなかった。

三　フォードシステム形成の論理

(1)　フォードシステムの目的

「まえがき」で示したように、もの作りの基本命題は三つある。一つは、「何のために作るのか、誰のために作るのか」であり、二つは、「何を作るのか、どのように作るのか」ということであり、そして三つめは「誰が作るのか、どこで作るのか」ということである。

第一の命題については前章で検討したのでここでは簡潔にとどめよう。フォードによれば、高い品質の安価な生産物を大量に生産することによって、生存のために苦痛な労働をする人々、すなわち多くの農民や労働者いわば大衆を精神的・肉体的に充足させること、ここに産業がもの作りをする本来の目的があるという。その根底には、農民の家庭に育ったフォードが経験した農業労働の厳しさ、その過酷な労働をする農民たちをその苦役から解放するという直接的な目的があったことも確かであろうし[5]、またそれをつうじて、社会全体の生活水準の向上に貢献できることを希求していたことも間違いない。

それゆえ、移動用・脱穀用としてのトラクターでなく、まず自動車を生産することになった理由について、フォードが「私はまずトラクターを開発することがより肝要であると考えた。農場の骨折り仕事に対して、血と肉を取り去り、鋼鉄と発動機で置き換えることは、私の長年の大望であった。しかしながら、諸状況のために実際に私が最初に製作したのは道路用の自動車であった。結局のところ、私は、農場で仕事をしてくれる何かでなく、道路を移動するための何かに人々の関心があることを発見したのである」（Ford, a, p. 26）とのべるように、金持ちの高価な贅沢品であった自動車を大衆の手に届くものにすること、いわば大衆の中に需要を創造し、大衆が購入可能な自動車の生産、そのシステムの構築、そこにフォードシステムの第一の目的があった。さらに重要なことは、「私がいま最も関心を持っていることは、我々が実行しているアイデアが、自動車やトラクターなど特定の問題に関わるのでなく、一般法則といった性格の何ものかを形成するという意味で、最大限利用できるかどうかということ」（Ford, a, p. 3）とのべるように、フォードは、生産システムの普遍化、すなわち、ものの作り全般に適用できる生産システムの原理をフォードシステムの中に求めたことである。こうして、フォードは、大量生産・大量消費の循環システムを構築することになるが、フォードシステムにおける大量生産（mass production）の第一の目的は、たんにものを大量に（massive）生産するということではなく、大衆（the masses）のための生産ということであり、大衆が大量消費によって生活水準の向上をはかること、そこにフォードのもの作りの本来の目的があったのである。

⑵　T型フォードの製品競争力

第二に、何をどのように製造するかの命題である。アバナシーやアッターバックらによれば、製品（product）のイノベーションと製造（process）のイノベーションとは、時間的なずれをもって展開するとされているが（Abernathy, 1983, Utterback, 1994）、フォードシステムの展開過程をみれば、それは、製品と製造の統合的イノベーションであったといえる。

まず、フォードが一八年間単一車種にこだわり、しかもそれが世界を席巻し続けたT型フォードとはいかなる自動車か、その特質について考えよう。フォードは、大衆車の基本条件としてつぎのものをあげる（Ford, a, p. 68）。①良質の材料、②軽量性、③十分な動力、④絶対的な信頼性、⑤運転の簡便性、⑥制御の安定性、⑦経済性である。当時の道路条件、技術水準、大衆の経済力からすれば、とにかく、どのような走行条件に対しても、頑丈で壊れにくく、機能が安定しており、運転が簡便で、維持費が安い自動車の開発、それがフォードの製品開発であった。そして、フォードが、これらの条件を全て満たす車として開発したのがT型フォードであった。

T型の特徴は、第一にその堅牢性と軽量性にある。フォードいわく「余計な重量はいかなる自力推進車についてもその力を殺ぐもの」であり「強さは重さに関係はないのであって」しかるに「世界で最も美しいものは、すべて余計な重量を最小化したものである」(Ford, a, p. 53)。こうして、フォードがたどり着いた金属材料がバナジウム合金であった。バナジウム鋼は、軽量で耐食性があり、バナジウムは高速度鋼にも使用されるように合金にすると鉄の硬度・強度を高める性質がある。フォードは当時の鋼鉄の二・五倍の張力を持つバナジウム鋼を開発することによって、「力が強くしかも軽量な鉄が必要な場合にはどこでも」(Ford, a, p. 67) バナジウム鋼を使用し、その上で自動車全体のバランスを考慮した一体設計を行ったのである。その強靱性は農村の悪路に強く、軽量性は雪や氷の上でも、畑や道のないところにも適するものであった。たしかに、それは、大衆車として先行するオールズ自動車の欠陥(悪路に弱い)を乗り越えるものであった(下川、五三頁)。ソレンセンによれば、「バナジウム鋼こそが、驚異的成功を収めたN型車を放棄してT型車の開発に踏み切らせ、最後にはヘンリー・フォードの夢である大衆車を実現させた真の導火線となった」(ソレンセン、一一四頁)のである。

第二の特徴が、十分な動力と機構の精密性である。T型は、デザイン、装備などの変更が毎年のようになされたが、四気筒一体鋳造の二二・五馬力の新型エンジン、一〇〇インチのホイルベースのシャシー、三〇インチのタイヤについては、その後一八年間生産終了まで変更されることはなかった(下川、五〇頁)。また、駆動機構は、始動はバッテリー(一九一六年まではクランクハンドル式)、点火装置としてフライホイール式磁石発電機(ソレンセンは革命的進歩といっている。ソレンセン、一二五頁)、チェンジレバーのない遊星式変速機(当時の変速機は乱暴な運転をすると歯車がすぐに壊れた。ソレンセン、一一六頁）などが採用されたが、その機構の精密性と安定性は、専用工作機械と精密測定器の開発による部品の精密化と互換性＝標準化によって保証された。

第三の特徴が、運転の簡便性である。T型は、左ハンドル（それ以前の車は中央ハンドル）になり操作性が向上し、チェンジレバーがなく、三つのペダル（ブレーキと遊星式変速機用の前進、後退のペダル）を足で踏み込むだけで前進二段、後進一段の操作ができた。その利便性についてソレンセンは、「まず、ロー・ペダルを踏み込んで、次にバック・ペダルを踏むだけで車をシーソーのように前後に動かすことができた。田舎の悪路のぬかるみに車がはまりこんだとき、ロー・ギアを交互に抜いたり入れたりして、車をぬかるみから脱出させるのにほとんどどんなことでもできた。現在の車の変速装置では、このようなことはできない」（ソレンセン、一一七頁）といっている。このように、運転の簡便なこと、どんな走行条件でも安定した機能を発揮するT型に対して技術知識に疎い大衆の信頼性が増加したことは間違いない。

第四の特徴が、経済性である。軽量化によって燃費が向上し、また部品の互換性があるために高い技術的知識がなくとも修繕・部品交換が簡便になったことは他の車に比べて維持費が少なくてすむということである。この点は、フォードも強調するように、T型フォードの重要な特徴であった（Ford, a. p. 68）。

第五の特徴は、低価格性である。T型車の製品差別化要因の一つである技術的優位性すなわち品質については以上のとおりであるが、いま一つの差別化要因は、所得の低い大衆がそれを購入できるほどの低価格化を実現したことである。一九〇八年に初めて売り出したT型が八五〇ドル、それを一九二四年の二九五ドルまで、ほぼ年々価格を引き下げた。後述するように、その低価格化は、生産が間に合わないほどの需要の増加に対応して、その量産の規模を年々拡大した結果によるものであった。

こうして、T型フォードは、価格面と非価格面における圧倒的な製品競争力を獲得することによって[6]、大量生産の申し子としての技術的基礎を確立するとともに、そこから始まるアメリカのモータリゼーションの戦略車になったのである。

(3) フォードシステムの論理

つぎに、どのように作るのか、製造の命題であるが、フォードシステムは、以下の二つの論理によって構成されている。

第一の論理は、需要の論理である。大量生産は大量需要を必要とする。それは二つの側面をもっていた。すなわち、①需要は、価格の低下とともに増加する。②需要の源泉である購買力は、雇用量と賃金の総額で決まる。すなわち、大衆が自動車を購入する能力を拡大するためには、一方で自動車の価格を引き下げ、他方で雇用を増加し、各人の賃金を引き上げることである。この相乗効果によって、フォードが「普遍的」と展望する大衆の大量需要を開拓することができるのである[7]。第二の論理は、供給の論理である。それは、①雇用の増加および賃金の増加は、生産規模の拡大、大量生産によって可能となる。②価格の低下は、低コストによって可能となるが、コストの削減は、無駄の削減、生産性の向上（生産の効率化）を基盤に、大量生産することによって可能となる。すなわち、無駄を削減し、生産効率を上げ、そして大量生産することが、価格を下げ、雇用・賃金を増加させ、大衆が生活を向上させる源泉になるという論理である。

フォードシステムとは、以上の二つの論理の統合、すなわち「高賃金・低価格」と「高能率・低コスト」をシステム・コンセプト（藻利によれば経営指導原理）とする生産システム、換言すれば、大量需要と大量生産の循環をシステム統合する論理で構築されるものであった。それゆえ、需要が縮小すれば供給の縮小、システムの崩壊につながる宿命を内包する論理でもあったのである。

ではこれらの二つの論理がどのように展開されたのか検討しよう。第一の論理、製品価格の低下と大衆の購買力が大量需要の源泉であるという論理についてである。T型車を大量に生産するためには大量の需要がなければならない。需要を拡大するフォードの論理とは、まず先に価格を下げ、それによって需要を創造し、その需要に対応して生産量を増加させるというものである。この点を端的にのべているのがソレンセンのつぎの言葉である。「われわれはまず販売量が最大になると思われるところまで価格を下げた。そして仕事を推し進め、その価格に合わせるように努力した。商品を売れる価格で製造できないときに、原価を知ったところでなんの意味があろうか。実際、原価切り下げを推進したのは新価格だったのである。そして、原価を下げる一つの方策は、価格をウンと下げて工場の全従業員が能率を上げねばならないようにさせることであった」（ソレンセン、一六四—一六五頁）。この論理は、T型の非価格競争力のゆえに価格低下によってのみ販売量が増加したとは評価できないとし

表2-1　フォード社の経営実績

単位／年次	生産台数	販売台数	販売額	T型価格	労働者数	最低賃金	生産台数	物価指数	換算価格
	台	台	ドル	ドル	人	ドル	台／一人		ドル
1909–1910	18,664	18,664	16,711,299	（ツーリング）950	1,655		11.28		
1910–1911	34,528	34,528	24,656,767	780	2,773		12.45		
1911–1912	78,440	78,440	42,477,677	690	3,976		19.73		
1912–1913	168,220	168,304	89,108,884	600	6,867		24.50		
1913–1914	248,307	248,307	119,489,316	550	14,366		17.28	100.0	550
1914–1915	308,213	（10m.）221,805	121,200,871	490	12,880	5.0	23.93	96.7	507
1915–1916	533,921	472,350	206,867,327	440	18,892		28.26	107.0	411
1916–1917	785,432	730,041	274,575,051	360	32,702		24.02	128.4	280
1917–1918	706,584	656,165	308,719,033	450	36,411		19.41	170.0	265
1918–1919	533,706	487,802	305,637,115	525	33,699	6.0	15.84	203.0	259
1919–1920	996,660	（17m.）1,325,981	913,763,145	440	44,569		22.36	202.7	217
1920–1921	1,250,000	933,720	546,049,449	355	51,197		24.42	208.2	171

出所）Benson, A. L., *The New Henry Ford*（1923）、Ford H., *My Life And Work*（1922）、有川治助『ヘンリ・フォード』（改造社、1927年）をもとに筆者作成。生産台数およびT型価格、最低賃金はFord、販売台数、販売額、労働者数はBenson、物価指数は有川を使用。換算価格（T型価格／物価指数）は有川をもとに計算

ても、表2‐1により、T型車の自動車価格と販売台数の推移を見れば、明らかに相関をもっているといえよう。なお、同表のうち、有川は、物価指数の変動による換算価格を導入しているが、藻利が指摘するように、物価指数で換算すれば価格はさらに安くなるということである（藻利、一八三頁）。大衆の購買力という側面からはきわめて重要な要因であろう。このように、フォードは、需要曲線に沿う形で価格を下げ、増加する需要に合わせて供給量を増大するという戦略、すなわち、価格の低下は単位当たりの利益の減少を伴うが、それを生産量の増加とコストの削減とによって、全体として利益を確保するという戦略を採用したのである。「原料についても、労働力についても、最小限の浪費によって製造しようとしてきたし、最小限の利益をもって販売し、販売総量から利益を得ることに努力してきた。（中略）最低の製造コストを追求し最小利益で販売しているので、われわれは購買力に合わせて製品を配給することができるのである」(Ford, a, p. 19)。ベンソンによれば、フォードは、まず生産コスト以下に販売価格を設定し、さらにその販売価格以下に生産コストを引き下げるために生産システムの効率化をはかったということである（Benson, p. 146)。

つぎに、購買力の源泉である雇用について見てみよう。表2‐1の労働者数の推移はベンソンによる資料であるが、フォード社は、一九二一年には従業員五万人を超える巨大企業に成長していた。フォードが考える雇用増加の意義は、たんに直接雇用した労働者の購買力だけの問題ではなかった。雇用の拡大こそ社会発展の源であるとするフォードは、一九二六年につぎのようにのべている。大量生産は重要な成果であるが、それよりさらに重要なことは、「ほんのわずかの人々しか雇っていなかった小工場から、二〇万人以上の人々を直接に雇用する一大事業へと成長し、しかも従業員は一人残らず、最低六ドルの賃金を受け取っているという事実である。またこれとは別に、われわれのディーラーやサーヴィス・ステーションでも、やはり二〇万人の人々を雇っている。さらにまた、自社で使用するもののすべてを自社で製造しているのではなく、およそ自社製造の二倍分を社外から購入しており、そして社外工場でわれわれの仕事に従事しているものは二〇万人にも及ぶといった状況である。このようにみてくると、約六〇万人の人々が直接・間接に雇用されていることになる。このことは、わずか一八年前に実行に移されたたった一つのアイディアが、約三百万人の老若男女の生計の道を確立したことを示しているのである」（フォード・b、四頁）と。この直接・間接の従業員とその家族三〇〇万人（一九二六年のアメリカ合衆国の人口は一一、七〇〇〇万人）の生計を維持しているというフォードの自負は、かれの経済理論の根幹をなすのである。

また、賃金についてみれば、当時の諸状況があるにせよ、一九一四年はじめの一日平均二・四ドル余りから一日最低賃金五ドルへの賃金の倍増[9]、さらに一日九時間から八時間への労働時間の短縮（実質的な賃金の増加）は、他の企業・産業からは狂気とさえ考えられた。しかし、フォードの経済理論からすれば、「『労働の淘汰』だとか賃金の低減による国家利益の増加などということをよく耳にするが、賃金を切り下げるということは、結局購買力を縮小して国内市場を狭隘化することになるのだが、それがなぜ国家利益につながるのか。関係する全ての人たちの生活に利益還元できないような劣悪な経営がなされるとすれば、事業とはいったい何なのであろうか。国民のほとんどが賃金によって生活しているのだから、賃金以上に重要な問題はない。かれらの生活規模すなわち賃金の額が国家の繁栄を決定するのである」（Ford, a. p. 116）。さらに、「わが社の真の発展は、一九一四年、われわれがその最低賃金を一日二ドル余りから一律五ドルに引き上げたときに始まる。なぜなら、その結果、われわれは自社の従業員の購買力を増加させ、かれらがまたその他の人々の購買力を増加さすといったぐあいに波及的に購買力を増加していったからである。この高賃金の支払いと低価格での販売とが購買力を拡大させるという思想こそが、実にわが国今日の繁栄の基礎になったのである」（フォード・b、一三頁）と持論を強調する。

しかしながら、雇用の増加、賃金の増加が大量需要の源泉になるということは前述のとおりであるが、雇用の増加が生産規模の拡大のいわば結果として生ずるものであるのに対して、賃金の増加は、たんに需要の問題としてだけでなく、生産効率向上に関連することが明らかになった。賃金の引き上げが、従業員に労働意欲の向上をもたらし、離職率を下げ[10]、労使関係の安定に寄与することによって、生産効率の向上に大きく役立ったという直接的な成果をあげたのである。この点について、ソレンセンはつぎのようにのべる。「フォード社が最も躍進した時期は、一九一四年から一九一九年にかけてであった。（中略）成功の原因は賃金だけではなかった。製造能力に賃金が結びついていなければならなかったのだ。高賃金・高能率、これが公式だった。この公式を当てはめることにより、自動車の製造原価は見る見る下がっていった」（ソレンセン、一六三頁）と。同様に、フォードも「高い賃金を払うことは、幸い価格の低下に貢献する。何故ならば、労働者たちは、仕事以外の心配がなくなるために、一層能率を上げるようになるからである。われわれが、一日八時間の労働に対して五ドルの日給を支払うことにしたことは、われわれがこれまで行ったことの中で、原価切り下げの最も有効な成果の一つであった。現在支払っている日給六ドルは五ドルよりもさらに安くつく。こうしたことがどこまで可能なのかはわれわれには分からない」(Ford, a, p. 147) とのべている。したがって、高賃金と高能率とは、相互連関的要因として機能したのである。

なお、賃金倍増はもとより、労働時間の九時間から八時間への短縮は、きわめて重要な意義を有している(一九二七年には、週五日四〇時間制)。それが、IWW(世界産業労働組合)の労働攻勢に対するフォードの反応であったとしても、「八時間が一日の三分の一であるからではなく、われわれの見るところでは、この時間がたまたま労働者から継続して最大のサーヴィスを引き出す時間である」(フォード・b、一九三頁)という経営的判断の下に、フォード自らの意志で決定し、産業界の労働時間短縮にインパクトを与えた意義は大いに評価されるべきであろう。

第二の論理、コストの削減による価格の低下、そして雇用の増加、賃金の増加は、大量生産と生産効率の向上、そして無駄の削減によって実現できるという供給の論理である。まず、表2-2はネヴィンスが引用する資料であるが (Nevins, *et. al.*, 1954, p. 651)、これによると、フォード車のコスト(一九一三年)は、人的・物的資源のコストが六二%と他社の車に比較してかなり高く、これを広告費や営業経費、販売コストの縮小などによって賄い、結果として他社の二倍近い利益率を上げていたことが分かる。この利益の多くは、ハイランドパーク工場の建設、価格の低下、高賃金(他社より一五%

表2-2　1913年における製造コスト比較

	フォード車	1,000ドル車	2,000ドル車	4,000ドル車
資材、労務費	$340;62%	$550;55%	$1,050;52.5%	$1,900;47%
広告、営業および諸経費	20;4	100;10	250;12.5	550;14
卸および小売販売費	90;16	250;25	500;25	1,200;30
生産者利益	100;18	100;10	200;10	350;9
小売価格	550	1,000	2,000	4,000

出所）Nevins, A. and F. E. Hill, *Ford*, 1954, p. 651.

高い）の原資に当てられていたわけであるが、フォードは、一九一四年の賃金倍増によるコスト圧力、さらなる価格低下の原資を生産効率向上の中に吸収するために、生産システムの革新を追求しなければならなかった。生産効率は、投入量（インプット）に対する産出量（アウトプット）の比率で計られるが、その向上は、投入量の極小化と産出量の極大化によってもたらされる。物的資源、人的資源を効率的に運用し、そこからいかに高品質の製品をより多く生産するかということが生産効率の課題である。フォードは、この生産効率化を、生産原理の革新に基づく生産システムの開発によっておし進め、これを投入量の極大化と産出量の最大化、すなわち生産の大規模化と結びつけることによって、コスト削減・価格低下に基づく大量供給体制を実現したのである。この生産原理の革新に基づく生産システムこそ、フォードシステムといわれる生産システムである。すなわち、投入量の内、労働力については、安全衛生や作業環境などの作業条件を整備し、可能な最高の賃金を支払うことによって労働者の労働意欲を高め、一方で単工程反復労働に忍従させるとともに、他方で労働者から節約の提案などの改善能力を引き出すことによって、労働力からその最高能率を引き出す。エネルギー・資材については、多様なエネルギー開発と資源リサイクルシステムの導入によって資源効率を高め、労働手段については、生産効率向上に有効な全ての作業の機械化とその精密化・専門化・連続化をおし進め、そしてこれら生産諸要素の最高機能を工程標準として、資材のジャストインタイム供給、品種別作業方式への作業原理の革新、ベルトコンベアをはじめとする搬送手段の導入による生産の同期化の推進など、全工程をシステム統合したのである。それは、原材料の供給体制と製造過程、それに消費までの輸送体制の全機能過程を統合するシステムとなり、この垂直統合化された生産システムをつうじて、コストの削減と価格低下、高賃金と雇用の拡大、そして利益の拡大を実現したのである。換言すれば、革新的生産システムによるコスト削減効果と生産規模の拡大に伴う規模の経済効果[11]とによって、大量需要と大量生産の循環から生みだされる利益をさらなる価格低下に結びつけたのである。

(4) コスト削減の理念と事例

無駄排除の哲学

重要なことは、以上のコスト削減のためのシステム作りには共通するキーワードがあることである。それは、無駄（浪費、空費）の排除である。物的・人的資源を時間的・空間的に浪費する、あるいは適切に利用しないことの無駄（フォードはこれを二種類の無駄といっている）、トヨタ生産方式を開発した大野耐一が展開する「七つのムダ」の排除は、まさにフォードの根本思想を受け継いだものである。[12] 大野が引用するフォードの無駄概念とは、つぎのようなものである。「もし人が何も使わないとしたら、無駄は生じないであろう。この道理は、あまりにも明らかなように思われる。しかしこのことを、別の角度から考えてみるとどうであろうか。もしわれわれが何一つ使わないとしたら、すべてが無駄ではないのか。公共的資源の利用をまったく取りやめることは、保存なのか、それとも無駄なのか。ある人が、自らの老後に備えて、かれの人生の最もよき時代を倹約一筋に生きることは、かれの財産を保護することになるのか、それとも財産を無駄にすることになるのか。かれは建設的な倹約家であったのか、あるいは破壊的な倹約家であったのか。（中略）天然資源を利用しないで保存することは、社会へのサーヴィスではない。それは、ものは人よりも重要であるという、あの旧式の理論に執着することにほかならないのである。現在、わが国の天然資源は、われわれのあらゆる需要を満たすに十分である。資源について思いわずらうことはない。われわれが思いわずらうべきことは、人間労働の無駄についてである。炭鉱の鉱脈に例をとろう。石炭は鉱山に眠っているかぎり重要なものではない。だがその一塊でも、掘り出されてデトロイトに運ばれれば、それは重要なものとなる。なぜならその石炭は、採掘と輸送の際に費やされた人間労働の量を表すからである。もしわれわれがその石炭を少しでも浪費するなら――換言すれば、もしわれわれがその石炭を完全に利用しきらないなら――われわれは、人間の時間と努力を無駄にすることになる。無駄にされることになっているものを生産しても、多額の賃金支払いを受けることはできない。

無駄についての私の理論は、物それ自体から、物を生産する労働へとさかのぼる。労働の価値全部に対して支払いができるようにするために労働の価値全部を利用したいというのがわれわれの希望である。われわれが関心をもつのは利用であって保存ではない。われわれは、人間の時間を無駄にしないようにするために、物質をその極限まで使うことを望んでいる。もともと物質そのものはただなのである。それは管理者の手中におさまらないうちは値打ちのないものなのである。物質をただ物質として節約するのと、物質が労働を表わしているという理由で節約するのとは、おなじことに思えるかもしれない。しかし、この考え方の差は重大な相違を生む。物質を労働を表わすものとしてみるなら、それより注意深く使うであろう。たとえば物質は再生して再度利用することができるからといって、それを軽々しく無駄にはしないであろう。なぜなら、廃物利用には労働が必要だからである。理想は利用すべき廃物を出さないことである」(フォード・b、一一一―一一四頁。大野、一七九―一八〇頁)。

以上のように、物質は労働を付加することによって価値を持つ。フォードは、生産物の価値は労働であると、原料も機械や工具さらには廃棄物すら労働の蓄積物としての価値を持つ。製品はもちろん、原料も機械や工具さらには廃棄物すら労働の蓄積物としての価値を持つ。フォードは、生産物の価値は労働であるという労働価値論の下に、労働とその蓄積物の無駄を排除すること、労働力を節約(save)してその効率的利用をはかること、このような「無駄排除の哲学」が、コスト削減の根底にあると論じるのである。

コスト削減の事例

本章の最も重要な課題である生産原理の革新とコスト削減については次節で扱い、また、エネルギー・資源の有効利用については、とくに章を改めて検討することとして、ここでは、作業環境の改善、労働力の節約や有効利用、素材製造のイノベーションなどによるコスト削減の事例について見ることにしよう。

まず、作業環境の改善によるコスト削減の事例である。その第一が、作業者に労働意欲を起こさせるための作業環境・安全衛生をいかに整えるかということである。すなわち、作業者が労働意欲を持って働くためには、職場が明るく清潔で安全でなければならない。その作業環境の整備が生産効率を上げコストを削減するとフォードはのべる。「今日では、建物の支柱は皆中空式になっており、そこから悪い空気を排出し、良い空気を注入している。また、工場内は、どこでも一年中ほぼ同じ温度に保たれ、日中は人工照明が必要ないようにしてある。七〇〇人ほどの人間が、職場の清掃、窓ふき、ペンキの塗り替えの仕事に従事し、痰を吐きたくなるような暗い隅々は白ペンキで塗るようにしている。清潔な職場環境がなければ従業員のモラールを維持することはできないのである」(Ford. a. p. 114)と。そしてフォードは、買収したガラス珪石採石場や鉄鉱石鉱山を実例としてあげ、「あらゆるものはペンキで明るい色に塗られ、そのためにほんの少しのごみでも見分けることができる。ごみをかくすためにペンキを塗るのではない。純白色や明るい灰色のペンキにしているのは、清潔であることが珍しいことではなく、あたりまえの状態にするためである」(フォード・b、六一―六二頁)としている。

また、安全対策についても、「不適切な作業着、不注意、無知などから起きる諸問題に対しても対策を立てておかなければならない。とくにベルト伝動の職場では一層難しい。新規の工場ではモーター直結の機械が設置されているけれども、古い工場ではベルトを使用せざるを得ない。しかし、ベルトは全て安全設備が施され、自動式コンベアーの上には橋が設けられ、誰も危険な場所を横切る必要がない。金属片が飛んでくる危険のある職場では、作業者は安全めがねを着用し、機械は防護ネットで囲われている。また加熱炉の周囲には鉄柵を設置し、作業着が引き込まれないようにカバーがつけられている。全ての通路は整理整頓されている。圧延プレスの起動スイッチには大きな赤いタグが付けられていて、それを取り外さないと起動できないように工夫され、機械が不用意に動かされることがないようになっている。作業者は作業に適さない服装をしていることがある。たとえば、滑車に巻き込まれそうなネクタイ、ひらひらの付いた袖などの作業には不適切な全てのものについて、職長はそれらを監視し、違反者を見つけ出さなければならない。新しい機械は設置前にあらゆる方法でテストし、重大な事故が起こらないようにしなければならない。工場において絶対に守られるべきことは人命尊重なのである」(Ford, a, p. 115) としており、これらの事例は、作業環境の改善と安全管理などの、生産能率向上のための基本的な作業条件整備という、現代の5Sの実例がフォードにおいて明確に看て取れるのである。

第二に、労働力の有効利用についての二つの事例である。その一つは身体障害者の雇用に見る事例である。バベジの分業の利益にもあるように、労働者の適材適所の配置は、コスト削減の重要な要因である。フォードは、「確信を持っていえることは、(中略) 肉体的に健常でなくとも、一人前の仕事をして一人前の賃金を得る、そうした仕事の欠乏は断じてないということである」(Ford, a, p. 108) として、在庫部で分工場へ送るボルトとナットの数を数える仕事をする目の不自由な労働者が、それまで二人の健常者がやっていた仕事を一人でやっているという実例、回復過程にある病床の労働者がベットの上で、ボルトにナットをねじ込む仕事を健康な労働者より二〇%も多くこなし、結果として病気の回復が早まったという実例 (Ford, a, pp. 109–110) をあげている。一九二二年以前の最も新しい調査によれば、フォード自動車に雇用される健常でない労働者は九、五六三人に上るが、その内一二三人は前腕や両腕のない労働者であり、四人は両眼とも視力のない労働者、二〇七人は一眼が全くみえない労働者、二五三人は一眼がほとんどみえない労働者、三七人は聴覚に障害のある労働者、六〇人はてんかんのある労働者、四人は両足のない労働者、二三四人は一方の足のない労働者であった (Ford, a, p. 110)。F・ギルブレスの義手や義足の研究に見られるように、第一次世界大戦で負傷し復員した人たちの雇用問題は当時のアメリカの重要な課題であったのである。

重要なことは、このような労働者の雇用を「慈善」などではなく、実例にもあるように真に経済的視点から雇用するのである。フォードは、熟練度別賃金を採用するのであるが、作業が細分化され、単純化すれば、それに対応した労働者を採用して、コストの削減をはかっているのである。因みに、熟練度の分類を見れば、四三%が一日以内で習得できる、三六%が一週間以内で習得できる、六%が一~二週間、一四%が一年以内、そしてわずか一%が習熟に一~六年かかる (道具製作、金型製作) とされており、機械化の進展によって作業がいかに単純化しているかが分かるのである (Ford, a, p.

110)。

二つに労働者の改善能力の利用事例である。「工場管理全体が、常に改善提案に対して門戸が開かれており、われわれは、非公式な提案制度をもっている。それによって、作業者は頭に浮かんだアイデアを提案し、それを実行に移すことができる」（Ford, a, p. 100）。なぜならば、一個の部品につき一セントの節約ができれば、年間一二、〇〇〇ドルの節約になるし、それが全部分品で行われれば、年間数百万ドルの節約となるからである。こうして、フォードは、現場作業者による改善事例をあげる。列挙すれば、①工具の取り付け角度変更で機械の寿命を延ばした。②ボール盤に自家製の装置を加えることによって作業を改善した。③鋳物を鋳物工場から機械工場へ高架搬送することによって運搬作業を七〇人節約した。④バリ取り機械の考案によって、それまで一七人必要だった作業員を四人で数倍の仕事をするようにした。⑤一体ものロッドを溶接ロッドに変えることによって年間五〇万ドルも節約した。⑥歯車製作におけるスクラップ率の削減方法（一二％から一％へ）の考案をした。⑦カムシャフト加熱炉の加熱度合いを色電球で知らせる、いわば「あんどん」によって作業者を三七人から八人にした（Ford, a, pp. 101–102）。以上、これ以外にも幾多の改善事例があるが、フォードは「開発された製造上の熟練の成果は、いかなるものも作業者の業績である」（Ford, a, p. 102）と、現場労働者の改善能力を高く評価している。

第三に、素材製造の技術革新によるコスト削減の三つの事例である。その一つが板ガラスの製造方法の完全自動化についてである。ガラスの需要が増加したのは、「自動車は、天井のない夏の乗り物から、箱形の年中利用できる交通機関へと急速に変化した」(フォード・b、五八頁)ことにある。一九一九年に一〇・三%であったクローズドカーが、二二年には三〇・〇%、二五年には六一・五%に増加している(下川、一四五頁)。フォードは、全国で生産される板ガラスの四分の一を購入していたが、ガラス需要の増加と品不足状況から、一九二三年、ピッツバーグ近郊にあるアルジェニー硝子会社の工場と設備を買収した。そこでは、旧来の方法でガラス生産を行っていた。すなわち、①調合原料を粘土のるつぼで溶かす。るつぼは、すべて手と素足で細かい砂や異物がなくなるまでこねられる。これを機械化する方法は発明されていなかつた。るつぼ一つには、厚さ半インチで三〇〇平方フィートの粗板ができる原料が入っている。一つのかまどにはそれが一六個入る。②クレーンで鋳込み台に移され、中身が流し出される。③決められた厚さに圧延される。④焼き鈍《なま》され、冷やされる。⑤板の表裏に粗磨き(七種類の研磨剤)と仕上げ磨き(フェルトつき回転台)がなされる(フォード・b、五九頁)。

これが旧来方式のガラス製造であるが、フォードは、このプロセスを、るつぼを使わずに自動化・連続化し、手労働を排除した完全自動化工程を開発したのである。すなわち、①調合原料を四〇八トン入る炉の中で溶かす。炉の熔解温度は、溶融温度が華氏二、五〇〇度、精製温度が二、三〇〇度。一五分ごとに原料の砂、ソーダ灰、その他の薬品を入れる。②ガラスは連続的流れとなって、ゆっくり回転している鉄製のドラムに流れ出る。③適当な厚さにするためにローラーの下を通過しながら、延ばされて薄板状になる。一分間五〇インチの速度で移動し、四四二フィートある徐冷室に入って徐々に冷却され、焼きを戻す。（華氏一、四〇〇度の板ガラスを冷却しながら四四二フィートの移動の間、ローラーは完全に水平を保たなければならず、ガスの炎をサーモスタットを使用して制御する。これが開発技術の要であった。）④徐冷室の末端で一一三インチの長さ（風防ガラス六枚分）に切断されコンベアで研磨工程に送られる。⑤研磨機（粗磨きと仕上げ磨き）で研磨する（研磨用の八種類の砂と六種類のざくろ石を水に混ぜた研磨材）。⑥洗浄され仕上げ研磨盤（鉄丹と水の混合研磨材）に移動する。⑦裏返され同じ工程を繰り返す。さらに、原料、研磨材についても、一切人間の手は使用しない。原料運搬車両から真空ポンプを使ってホッパーに落とし、コンベアでそれを上に運び貯蔵タンクに送るためのコンベアに落とす。そして、使用する場合は貯蔵タンクから流水を使ってパイプラインでそれぞれの供給タンクに送られる。そこから、各工程にパイプで供給される。使用済み研磨材は、研磨機の下にある導管に流れ込み、そこからポンプで選別システム（連続した八つのタンクに水とともに流し込み、砂の重さごとに自動的に選別）に送られ、循環する。こうして、ガラス板製造工程は完全自動化工程となった（フォード・b、六八―七一頁）。買収したガラス製造プラントでは、年間二五〇万平方フィートのガラスを製造していたものを、ルージュ工場の新型プラントにおいて、敷地二分の一、生産力二倍、従業員三分の一の完全自動化工程によって、年間一、二〇〇万平方フィートの板ガラスを生産することになり、年間三〇〇万ドルの節約を実現したのである（フォード・b、六八頁）。

二つ目が、最良質の木材で製作されていたハンドルの素材を、それまでは捨てていた麦わらを原料とするバイオプラスチックで代替した例である。フォーダイト（硬質ゴム類似製品）と名付けられた製品は、①麦わら、ゴムの粉、硫黄、珪土、その他の材料を各々一五〇ポンドずつ釜に入れ混合する。これをゴム製造機の中に入れ加熱ローラーで四五分撹拌する。②細長く切ってチューブ型に成形後、五二インチずつに切断し、ゴム状物質で被覆する。③ハンドルの型に入れ一平方インチ当たり二、〇〇〇ポンドの水圧をかけながら、蒸気で一時間加熱し、その後冷やす。④仕上げ室で、切削と研磨後、機械で鋼鉄の中軸を十字にはめ込み取り付ける。以上であるが、麦わらはフォードの農場分ではまかなえず、近隣から購入したが、このフォーダイトは、ハンドルの縁の他、電気系統に関係する四五の部品に使用され、結果として木材コストを半分に節減したのである（フォード・b、八〇―八一頁）。

三つ目に、人造皮革の例である。自動車の屋根張り、カーテン、座席には五種類の人造皮革が使用される。もちろん、自動車の生産量を考えれば天然皮革を使用することはできない（高価であり、それほど動物がいない）。フォードは、五年を超える実験の末、独自の人造皮革を開発した。その工程とは、①素材の布を釜に入れる（釜は一連の塔で構成）。各々の塔の底には布の上塗り用の薬品（合成塗料）が入ったタンクがあり、布が通るときにこの薬品が塗布され、ナイフ状の刃が平にならし余りをこそぎ取る。約二〇〇度の塔の中を三〇フィートの高さまで持ち上げ、乾燥させ、降ろされる。②乾燥した布を第二の釜に入れ、別の塗料が塗布され乾燥させる。③第三～第七の釜まで繰り返す。④一ヤード単位で塗布量測定のための重量検査を行う。⑤圧縮機で七〇〇トンの圧力をかけ、表面に粒状の模様をつける。⑥最後に別の釜で仕上げの塗布と光沢をつけ、柔軟性処理が行われる。実はこの合成塗料の開発に長時間がかかった。その塗料とは、ひまし油と黒色塗料を混合し、エチル・アセテートに溶かし、硝化綿と混ぜ、ベンゾールで希釈したものである。揮発性が強く、したがって乾燥が早い。そのプロセスで蒸発した酢酸エチル、アルコール、ベンゾールのガスは、回収され、ココヤシの殻からつくった木炭に吸収させる。そして、蒸気を送り込みガスを凝縮機に導き、そこで各要素に分離して再使用する。九〇%以上のガスが回収される。(フォード・b、八一—八三頁)。結果として、一日一二、〇〇〇ドル以上の節約となった。

これら以外にもたとえば購入部品の内製化、あるいは作業の機械化や輸送コストの削減(後述)など、コスト削減の事例は枚挙にいとまがない。すなわち、「高賃金・低価格」「高能率・低コスト」は、製造工程の革新のみでなく、このような各種のコスト削減のための不断の努力によるものであることがわかるのである。

四　フォードシステムと生産原理の革新

(1)　フォードシステムの展開

フォードシステムの生産システムとしての歴史的評価はその生産原理の革新にある。マックアベニュー工場に始まり、ピケットアベニュー工場段階を経て、ハイランドパーク工場へと発展するフォードシステムの進化は、いわば万能作業組織段階、機種別作業組織段階、そして品種別作業組織段階への進化の過程であった。そして、品種別作業組織への転換こそ、大量生産の原理を生みだしたフォードシステムの質的飛躍であった。

ところで、組立加工型生産システムは、製品を構成する部品の生産とこれら部品の組立の工程から構成されるが、個々の部品の生産は、鋳造、熱処理、鍛造、機械加工の各工程を、部品の組立は、構成部品の組立（部品組立）とその構成部品の組付による完成品の組立（総組立）の工程から構成される。ハイランドパーク工場は、ピケット工場の全設備を移して一九一〇年に操業が開始され、一九一三年に一応完成するが、その過程で、一九一一年に買収したカイム製作所の鍛造（プレス）工程が追加され、また一九一三年には熱処理工場が完成し、そして、世界最大といわれる鋳造工場の大拡張が行われた。一九一三年のハイランドパーク工場のレイアウトを見れば、鋳造工場、熱処理工場、二棟の主工場、それに、二カ所の発電所、事務棟、倉庫などから構成されており、資材の搬入、完成品の搬出のための鉄道の引き込み線が工場の目前まで敷かれ、工場全体が、クレーン、モノレール、コンベアなどの機械式搬送装置で結合されている。また、主工場は、一棟がシャシーおよび車体の部品生産のための機械工場であり、他の一棟がユニット部品の組立と製品の最終組立の工場である（Arnold, p. 24.）。組立工場は四階建てになっており、一階がシャシーの部品組立と総組立、四階が車体用部品の組立、三階が車体塗装、二階が車体組立、そして二階からの車体と一階からのシャシーが建屋の外で組み合わされるという生産工程である（塩見、二二〇頁、Arnold, p. 151）。ではフォードシステムは、このような工場体制の下でどのように大量生産の原理を構築していったのであろうか。まず、具体的な生産工程の展開を工程順に見ることにしよう(13)。

鋳造工程

鋳造工程は、元来きわめてコストのかかる工程である。それは、木型製作および鋳型製作に熟練を必要とするだけでなく、何よりも長い時間のかかる労働集約型工程であるからである。したがって、この木型製作および鋳造工程の熟練と時間とをいかに削減できるか、フォードにとって鋳造工程のコスト削減は、生産工程におけるコスト削減の重要な課題であった。まず、木型製作にどの程度の熟練が必要であったのか、木型工ソレンセンがつぎのようにのべている。「木型製作の仕事は、知的職業でもまた商業でもなく、両方の調和を必要とする正確かつ高度に熟練した技能である。木型工は、きわめて複雑な設計図を読み取らねばならず、また家具師以上に、のこぎりや、かんな、サンドペーパーや、にかわについて、細部にわたって精通しかつ無限の忍耐力を持っていなければならない。同時にまた、設計者や製図者の考えを木を使って正確に表現することが必要である。更にそれ以上に、その木型は、鋳造場の鋳型工の、特に正確な要求にあわなければならないのだ」（ソレンセン、七三頁）と。このように、木型の製作は、習熟によって労働者に蓄積された熟練技能の世界であった。それは、大量生産を目指すフォードの大きな桎梏であったことは間違いない。また、鋳造工程については、フォードの説明も、アーノルドの説明も、ましてや日本の諸論者の説明でも、熟練という点からは明確ではない。

そこで、筆者の経験が一般化できるかどうかは分からないが、かつて零細企業において硬鉛のバルブ鋳造作業にわずかながら関わった経験から、そのプロセスについて考えてみたい。高度経済成長期、硫安生産に不可欠の硫酸製造工場では、鉛製品が使用されていた。鉛のパイプ・配管、鉛を張ったタンク、ミストのように鉛で内張りされた塔、等々。この硫酸製造工程において多用されていたのが鉛のバルブである（後にステンレス製のバルブが市販されるが高価であった）。その工程について説明しよう。

① 原型（木型）は外注していたが、硬い素材で製作されており、かなりの重量物である。複雑な外形が美しささえ感ずるほどの工芸品のようなものである。型は上型と下型、すなわち一つの原型を半分に割ったものである。二つを合わせれば製品と同じ外形になる。多種類の注文に対しては多種類の木型を持っていなければならない。新規注文には、新規に型を作らなければならない。

② 鋳型作りに使用する砂は特定の産地の砂である。砂に若干の水分を与え、鋳型づくりに適切な鋳型砂にする。湿り気の状態を判断する能力がいる。

③ 平面の台の上に四角の型枠をおく。その中に木型の一方を、平面部分を下に向けて置く。そして上から②の砂を入れ、しっかりと固め、平らにならす。その硬さも重要な判断を要する。

④ 鋳型を静かにひっくり返す。全面に乾いた細かい砂を薄く振りかける（上下型を分離し易いようにするためである）。型の切り口部分をきれいに拭き取り、他方の木型（上型）をぴったりと載せる。

⑤ 上から型枠を載せ、そして②の砂を入れて固める。その際に型に接するように湯口棒を立てる。砂を固めた時点でその棒はゆっくり引き抜き丁寧に補修する。

⑥ 上下鋳型を慎重にはがす。白砂が撒いてあるのでわりに簡単に分離できる。砂の欠落があった

場合は補修する。

⑦それぞれの鋳型から木型を抜く。木型の面に金具を打ち込み、木型をわずかに動かしながら引き上げる。これは結構難しい作業で慎重にやらなければならない。引き抜くときに木型が縁に触れると砂を崩す。そこで、和筆に水を含ませ木型の縁全体に水滴を垂らす。木型が砂から離れやすくし、抜き易くするためである。木型をはずしたのち、鋳型のでき具合をみながらへらで補修する。一方の湯口穴もしっかりと固める。

⑧鋳型を乾燥させる。ストーブの周りに鋳型の表面を内側に並べ一晩おく。

⑨乾燥した鋳型（下型）に中子をセットする（中子は内部の形状を決めるので、正確に動かないように）。中子は、別のところで同様のプロセスで製作する。下型に上型をぴったり合わせる（湯口が上に来る）。重しを載せる、粘土で上下鋳型をとめる、固定具をつけるなど、上下鋳型がずれないように工夫する。湯が鋳型の間から漏れないためでもある。これで鋳型の完成である。

⑩湯（この場合は溶けた鉛）は、鉛のインゴットを溶解鍋で溶かしたものである。通常、鉄の鋳物工場の場合、鋳鉄溶解炉（キューポラ）で溶解する。さて、この湯を鋳型に注ぐのだが、大きさにもよるが、注湯鍋または鉄のひしゃくで湯口にあふれるまでいっぱいに注ぐ。直ぐにわずかに湯の面が沈む。そこで押し湯（減った分追加）をする。製品に鬆《す》が入らないための重要な作業である。実に体力のいる作業である。

⑪湯はまもなく固まるので、しばらくして鋳型をばらす。バリ取り、湯口切り、その他傷や鬆の

状態を点検する。補修が必要な場合がある。鉛の場合、補修は酸素と水素の混合ガスで小さな火口を使って鑞《ろう》を盛る。

⑫ 砂および型枠は再利用する。製品を機械加工に回す。

以上が鋳造工程であるが、鋳造職場は、湿度・温度が高く換気が常に必要となるような作業条件にあり、砂や湯をスコップやひしゃくで運ぶなどの重筋労働が求められる、きわめて危険をともなう作業環境である。しかも、忍耐力と熟練とを必要とする作業が随所に見られた。そして、鉛と鉄とでは技術的あるいは方法的に若干の相違があるかもしれないが、基本的には鋳造工程の条件や方法は同じである。

初期のフォードの工場における鋳造職場についても同様の環境が想像される。アーノルドによれば、一九一〇年五月一〇日、最初のT型車のシリンダーは木型でつくられたが、当時は、まだスコップとねこ車で、すべての作業が人手で行われていたと説明されている（Arnold, p. 331）。T型車の大量生産のためには、鋳造工程が大きなボトルネックになっていたことは間違いない。ソレンセンが「溶融工程をもっと改良し、研究所で原材料を分析し、金属鋳型および砂込めに機械を使わねばならないということがハッキリわかってきた」（ソレンセン、九三頁）とのべるように、当時の旧式の鋳造方法の改革は、T型車の大量生産を実現するためのフォードの最大の課題の一つであったのである。フォード社での改革はつぎのように行われた。

第一に、木型から金属型への転換である。木型は単品生産で、壊れれば作り直さなければならない。

ソレンセンは、当時の状況をつぎのように書いている。「その当時シリンダー・ブロックの鋳造には、マホガニー材の木型を使い、消耗の激しい部分を真鍮で補強していた。どんな熟練した鋳物工でも、鋳造中に木型を乱暴にとり扱うので、ダメになることが多かった」（ソレンセン、九一頁）。このため「木型部は一日一〇時間稼働しており、それ以上残業することも多く、それでも仕事を家に持って帰ることさえあった」（ソレンセン、九二頁）と。そこでソレンセンは、「自動車を大量生産するというヘンリー・フォードの夢に刺激されて、私は鋳物工と、シリンダー・ブロックの木型を金属製のものに替え、これを鋳造機の上にすえられないかと議論した」（ソレンセン、九一頁）。木型から金属型に変更できれば、型の寿命が延び、同じ型でより多くの鋳型製造が可能となる。熟練労働者も少なくてすみ、当然コストが削減できる。こうして彼は、「木型の代わりに金型を作成してこれを機械にかけ、正しく寸法を出した」（ソレンセン、一二一頁）ところ、「この同じ鋳型で何回も鋳造したが驚くほど正確なものができた。これで鋳物の問題は解決した」（ソレンセン、一二二頁）とのべている。確かに金属型は機械加工が容易で、大量生産に向いていたのである。ただし、この場合の金型とは、木型に代わる金属製の原型であって、後にアルミニウムの鋳造に採用された金型に直接注湯する方式（ダイカスト方式）ではない（フォード・b、八八頁）。

第二に、鋳型の製作工程の改革である。鋳型の製作は、前述のように、長い時間を要し、またかなりの熟練を要する工程である。鋳型製作工程の最大の改革は、砂づめ工程の機械化と鋳型製造機（the moulding machine）の導入であった（Arnold, p. 332）。ただし、鋳型製造機については、当時の鋳型製造機が鋳型製造プロセスのどこをどのように機械化しているのかの説明がないので詳細は不明であるが、鋳型製作から熟練の機能の多くを機械が代替したことだけは確かである。また、砂づめ工程は、生砂混合と砂づめの自動工程が一九一三年に採用されたことによって、鋳型製造機での砂処理の労働がなくなった。この砂処理工程は、鋳型砂の混合工程から個々の鋳型に砂を供給する工程（生砂をホッパーからコンベアで送り出し、生砂供給シュートによってそれぞれの鋳型製造機に供給する）、鋳込み後の鋳型をばらして砂の回収を行う工程を循環工程として自動化したものである（Arnold, pp. 332-333）。鋳型製造機の導入とともに、鋳型砂の作成・砂づめ・砂回収処理工程の一体的機械化は、実に鋳型工の作業のきわめて多くの時間節約と労働の削減を実現したのである。このような鋳型製作の状況については、一九二六年著書の中でフォード自身による鋳型製作職場の様子がのべられているので、これを見ることにしよう。

「鋳型工には、作業を迅速かつ能率的にするのに役立つものはすべて与えてある。型の上へ手で砂をふりわける代わりに、電気ふるいが用いられている。これによればボタンを一押しするだけで仕事が行なわれる。砂は固くてがっちりした鋳型になるようふりわけられ、固められる。ここでも、やはり機械は、どんな労働者よりはるかにすぐれた仕事をする。金属板の下にある電気コイルがこの鋳型を加熱するのだが、その鋳型は暑い日でも作業員に無用な熱気をあてることなしに作られている。同じ考えにそって、各作業員の近くには、冷えた空気を送る冷却空気の送風器システムが設置されている」（フォード・b、九三頁）。また、「型を取り除くためには、鋳型は、二つの部分がぴったりと合い、しかも容易に割ることができるようになっていなければならない。この二つの部分の間に、以前はロシア産のライコポウジャム（ロシアにしかない花の花粉からつくられる細かな粉末）を敷くことが慣習となっていた。これは非常に高価なものであった。だがわれわれは今では、それと効果が同じで、しかもずっと安価な代替品を調整して使用している。また空気振動装置と簡単なギア機構によって、鋳型の上半分をもちあげることができる。したがって、この過程で傷がつくことはない」（フォード・b、九三頁）。

以上の説明によって明らかなことは、鋳型製造機が鋳型を自動的に作るのではないが、鋳型工が鋳型製造機を使用して、砂込め作業、上下鋳型のはがし作業、乾燥作業を行い、前記③④⑤⑥⑧の工程を単純化したことである。ただし、⑦の工程についてはその方法についての言及がない。⑨の工程に関しては、締め付け具の開発によって簡素化されたとしている（フォード・b、九三―九四頁）。

第三に、鋳込みの工程である。まず、当時旧式鋳造方式を行っていたシリンダー・ブロックの鋳込み工程の作業場について、アーノルドの説明を見てみよう。「シリンダーの鋳造は、注湯鍋を運搬しながら東西に移動する三機の並行クレーンの下で行われる。シリンダー鋳造は、一三グループで行われている。各グループには、上型砂詰め係と助手各一人、下型砂詰め係と助手各一人、一人の下型完成係（下型検査、三つの中子のセット）、一人の上型完成係（上型検査と水ジャケットのセット）、一人の円筒中子セット係（円筒中子のセットと最終検査と確認、型合わせ助手の助けをかりて鋳型を合わせる）、二人の型合わせ助手（型合わせの手伝い、湯口製作）によって行われる。北側のNo.1、No.

2クレーンは、それぞれ四つの鋳型製造グループ用、№3クレーンは五つの鋳型製造グループ用である。各クレーンを一つの注湯グループが運転し、その中にはクレーンを操作する一人の注湯係と一人の助手、一人の湯膜とり係が担当する。また、三つのクレーンには、一人の職長と二五人の作業者からなる鋳型ばらし係がついている。そして、この重量物の鋳込み工程についても自動化の設計はなされているとアーノルドは書いている（Arnold, p. 356）。以上であるが、ここでの説明でも型抜きを（上下の鋳型完成係だと思われるが）誰がどのように行うのかの言及は見られない。それにしても、著書の中に挿入された写真（Arnold, p. 355, p. 356）にあるように、鋳造作業は、多くの労働者が、蒸気が充満した労働環境の中で重筋労働を余儀なくされる危険な職場であった。

さて、シリンダー・ブロック以外の鋳込み工程の変革は、機械式鋳型搬送装置の導入によって実現した。同様の搬送工程の自動化方式は、すでにウェスティングハウス社に導入されており（Arnold, p. 336, ハウンシェル、三〇五頁）、それ自体は新規の技術開発ではないが、それが鋳型製造工程と一体化された自動化工程として構築されたところにフォード社の独創性がある。すなわち、鋳型をおく台が循環チェーンにつり下げられた状態で移動する。その台の上に鋳型をセットすると、鋳型は移動してキューポラの前で注湯され、そのまま移動する間に固まり、それがコンベアの上に移される。チェーンはそのまま動き、鋳型はコンベア上で鋳物・枠・砂がばらばらにされ、分別回収されるというものである。(14) アーノルドによって、ある一つのユニットの例を見てみよう（図2-1）。それは、機械駆動式の二つの鋳型搬送循環ラインの真ん中に二本の鋳型製造機ラインが配置され、それぞれに生砂供給

図2-1　ハイランドパークの自動鋳造工場のレイアウト

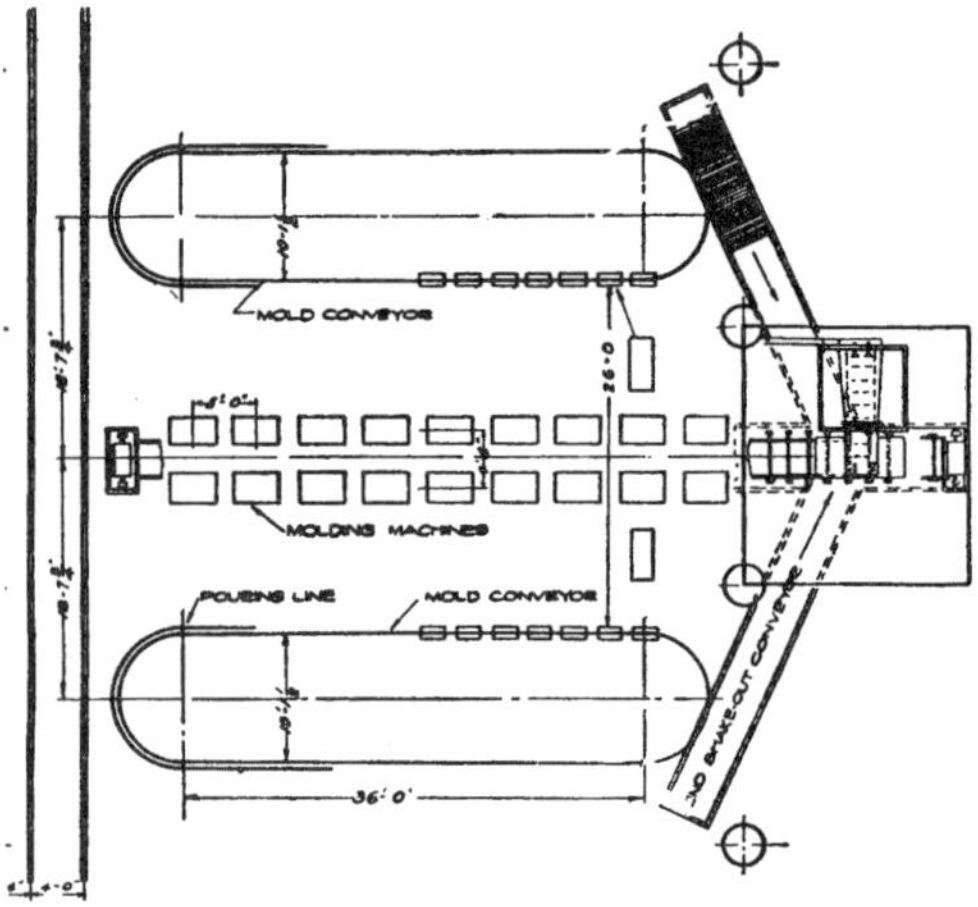

出所）Arnold, H. L. and F. L. Faurote, *Ford Methods and the Ford Shops*, 1915. p. 338.

シュートがついている。鋳型が完成すると、そこにいる作業者は、①鋳型組立係が鋳型製造機から鋳型をはずし、循環ラインのぶら下がり式の台の上におくか、すでに台に置かれた下型の上に上型としてセットする。②重し係がセットされた鋳型の上に重しをのせる。③注湯係が手に持ったひしゃくで溶湯を注ぐ。④ばらし係が鉄格子の上で鋳型を揺すってばらし、枠を積み上げる（Arnold, p. 335）。

アーノルドは、中子の砂づめの自動化、中子乾燥の連続化、そして鋳型の移動の連続化をもって「これらが低コストを実現するフォード鋳造工場の三大要素である」（Arnold, p. 334）とのべている。ただし、ぶら下がり台式の鋳型搬送装置は、特に明白な利点を有するものではないとも言っている。すなわち、鋳型搬送の機械化および自由に揺れるぶら下がり式鋳型台作業の難しさ、歯型屋根からの採光を妨げること、そしてとりわけ重大な欠点、搬送装置が稼働している間は広い床スペースが無駄になることなどの問題点を明らかにしている（Arnold, pp. 338-339）。

以上、一九一四年前後の鋳造工程革新の状況を見てきたが、鋳造工程の改革の特徴はつぎの二点にあると考えられる。一つは、作業の機械化である。それは、砂型鋳造に必須の生砂の混合・運搬・砂づめ・回収までの機械化・自動化、鋳型製造工程の機械化、そして注湯工程への循環式鋳型搬送装置の導入である。鋳造工程のこのような全面的な機械化によって、鋳造作業に必要な多くの熟練を不要にし（熟練の機能の機械による代替）、それに関わる重労働の多くを削減したことである。フォードいわく、「今では、約五％の熟練鋳型工と心型工とがいるだけで、残りの九五％は不熟練工、もっと正確にいえば、最もできの悪い労働者が二日間で学びうる程度の一つの作業を覚えた工員である」（Ford, a, p. 87）。

いま一つは、鋳造作業を流れ作業化したことである。すなわち、工程の分業化は行われていたが、それぞれの係が移動しながら担当作業を行っていたのに対して、鋳型搬送循環ラインの導入によって、鋳型が作業者の所に順次運ばれ、作業者は流れてくる鋳型に注湯し、コンベアに移動した鋳型は、振動によって砂・枠・鋳物が分別回収されるというものである。いわば、機種別作業から品種別作業への作業転換によって、注湯作業の簡素化、ばらし係の削減、砂回収作業の排除など、流れ作業による作業の効率化と人員削減によるコストの削減はきわめて大きなものがあったと考えられる。

熱処理工程

鋳造品は、機械加工工程に送られる前に熱処理、すなわち、焼き入れ、焼き鈍《なま》しが行われる。それは、鋳鉄の強化、鋳鉄の内部のひずみを取り除く重要な工程である。「注湯後の鋳物にヤキを入れる仕事は、鋳物が堅すぎたりもろすぎたりしないように調節するために重要な仕事であった。このような調節をしたおかげで鋳物をフライス盤や、ドリル、リーマーなどで機械加工する場合、工具が長持ちするようになった。また、あらゆる作業のスピードが早くなった」（ソレンセン、二七五頁）とソレンセンがのべているように、焼き入れ工程は鋳鉄には不可欠の熱処理工程であった。また焼き鈍し工程については、かつては鋳造品を野天に数週間から何カ月も放置し、いわば「枯らす」ことによってそのひずみを取り除いていたのであるが、この「枯らし」工程を熱処理工場の新設によって、鋳造工程と機械加工工程とを連結させたのである。「熱処理については、鋳鉄に残っている初熱から始めた。要するに、熱したり、冷却したり、また加熱したりする熱処理作業を、すべて機械でコントロールし、鋳物を一度も床に降ろさずに機械工場へ」（ソレンセン、二七九頁）移動させるようにしたとあるように、「ハイランド・パーク工場では従来のバッチ式加熱炉のほかに連続式加熱炉も設置されていった」（塩見、二二四頁）のである。

フォードは、一九二六年著書において、この熱処理工程の重要性とその機械化の意義についてつぎのようにのべている。「鋼鉄の熱処理は、とりわけ重要である。この処理によっては鋼鉄の強度が増大し、そのため軽い部品ができるからである。しかし、それは微妙なプロセスである。部品は、軟らかすぎれば摩滅しやすく、また反対に、あまりに硬すぎれば割れやすくなる。その正確な硬さは部品の用途によってきまる。これが基本である。しかし大量の部品を、そのおのおのが好ましい硬さをもつように処理することはたいへんなことである。(中略)しかし熱処理部門では、高熱と重労働がからんでおり、工場内にそのような仕事があることは好ましくない。重労働は機械にまかしたらよいので、人間がするものではない」(フォード・b、八三—八四頁)。そして、車軸の熱処理工程について事例をあげている。「車軸のようなまっすぐな部品は、冷却速度が一様でなかったため、熱処理ののちもう一度まっすぐにしなければならなかった。これはコストを高くした。(中略)車軸部門(アクスル・シャフト)では、大型の二層炉を使用して熱処理を行っている。移動ビームにより、シャフトは一分間隔で前進し、この炉の下層室(ロワー・チェンバー)にはいる。シャフトは二八分かかってこのチェンバーを通る。この間、計器制御により温度は華氏一四八〇度に保たれている。

シャフトが炉の端から出てくると、作業員は火ばさみでこれをつかみ、回転機に一つずつはめこむ。さらに一分間に四回の頻度でアルカリ溶液の中で急冷却される。機械の回転運動により、シャフトの温度は全表面にむらなく同時に低下する。この操作でシャフトの硬さは一様となり、冷却にむらがあるときに起こる形の歪みはでなくなる。冷却されたシャフトは、コンベアーで炉の上層室(アパー・チェンバー)へ運ばれる。このチェンバーは華氏六八〇度に保たれており、シャフトはこの中を移動し、再び入り口から出て行く。この処理に要する時間は四五分である。引き出されたシャフトは懸架式コンベアーで最終の機械加工へと送られる。これらの改善は、たいして重要でないようにみえるかもしれないが、熱処理を加えたのちもう一度伸ばす手間が省けたため、四年間に約三千六百万ドルもの費用が節約された」(フォード・b、八四—八五頁)といっている。

以上のように、ハイランドパーク工場における熱処理工場の新増設は、それまで熟練労働者の経験とカンに依存していた、不可欠ではあるが時間のかかる作業工程を機械化・自動化することによって、品質を安定化させコストの削減を実現したのである。

鍛造工程

鋳造工程の改革は、前述のように鋳造工程そのものの改革とともに、鋳造の鍛造化によってなされた。技術的に見れば、鋳造（ダイカスト型）と型鍛造とは、金型を用いて金属を加工する点では同じである。一方は溶解金属の圧入であり、鍛造は、上型・下型の間に金属（熱間・冷間）を挟んで圧縮・打撃成型する技術である。技術的に見れば、労働者の熟練の機能に全面的に依存する金敷と手ハンマーによる自由鍛造法から、一八〇〇年頃には水車駆動のはねハンマーが開発され、一八二七年に金型と落とし鍛造機による鍛造法が、そして一八四〇年代初頭にジャンパー機構（上下金型）によって型鍛造法が完成された。これにより、鍛造部品は、機械加工によって生産できるようになった。

ネヴィンスによれば、当時すでに、自動車メーカーでは木製フレームの補強材として鋼プレス材が使用されていたが、一九〇九年までには鋼材フレームが一般化するなど、鋼プレス部品は、急速に自動車メーカーに不可欠の技術的要素となっていた。一九〇七年頃に、はじめてフィアット社が後車軸ケースのプレス化を導入し、その後ブレーキ・ドラムやフライホイール・カバーなどのプレス化が行われるようになっていたのである（Nevins, 1954, p. 458）。

鍛造によって部品が製作されるとなれば、砂型鋳造工程で必要となる時間と熟練の諸作業がなくなり、素材の加熱炉とアプセット機による据え込み加工およびトリミング機による成形加工をそれぞれ担当する労働のみとなる。また、その工程の搬送を自動化すれば労働者の作業は素材の脱着のみとなる。コスト削減と大量生産を目指すフォードが、部品生産のプレス化を目指すのは当然の成り行きであった。ソレンセンは、その辺りの事情をつぎのように語っている。「われわれがクランクケースのふたの金型と鋳物を試作していたとき、私はジョーにでこぼこのないカバーを鋳造でなくプレスを用いて製作することを提案した。つい最近、バッファローからの訪問者が、自動車部品とフレームの製作にプレスが使えることを教えてくれた。この訪問者とは、当時使用されていた電話機のボール型ケースをプレス加工していた、ジョン・R・カイム製作所の経営者であり、共同経営者であったウィリアム・H・スミスであった。スミス氏は自分の工場でやっていることを大規模にすれば、自動車の車軸ケースの製造にも使うことができると考えた。フォード氏は直ぐに、T型車の開発コストばかりでなく、現在製造している型の車の生産コストの切り下げのためにもこれがピッタリのものだと見てとった」(ソレンセン、一二三頁)のである。鋳造品の鍛造化の重要性を認めたフォードは、直ちにカイム製作所に資金をつぎ込み、工場の大規模化と機械の更新をはかってT型車のクランクケースと変速装置を作らせた。そして、一九一一年六月カイム製作所を買収し、当時同社に勤務していたW・H・ヌードセンなどの技術者とともに機械類をハイランドパークの新工場に移転させ、「できる限り鋳物の代わりにプレス鋼を使うこととなった」(ソレンセン、一二四頁)のである。

鍛造作業の実態については、フォード自身が詳細に説明している（フォード・b、八五―八八頁）。鍛造部品の製造には、二種類の鍛造法が使用される。プレス機によるアプセッティング（据え込み）加工と蒸気ハンマーによるハンマー加工である。プレス加工では、上下の金型の圧縮によって、据え込み、整形、穴あけ、縁の切断（トリミング）、成型品の切り取りなどを行う。ハンマー加工では、上の金型（ハンマー）が下の金型（鉄床）に激しい打撃を与え、下の金型の上におかれた鋼材を成型する。

「車軸についていえば、まずアプセッティング・マシンにかけられる。ここで、車軸としての大ざっぱな形がつくられ、その端が拡げられ、割られて、ハンマーへ送られる。ハンマー加工に際して車軸は半分ずつ処理される。車軸はあまりに長すぎて、一度に全部をハンマーの下に入れることができないのである。ハンマー加工が終わると、つぎにはそれらにひだのようになって付着している金属片を取り除くために、八〇台のトリミング・プレスが使用される。このプレス加工の大部分はベルト・コンベアの上で行われるので、鍛造物から削り取られた金属くずはすぐに運び去られる。小さな鍛造物もまた、コンベアの上に落ちるようになっている。これらの鍛造物は建物の出口でコンベアからはこの中に移され類別される。また金属くずはコンベアにより、外部の転轍器上の貨車へと投げ込まれる」（フォード・b、八七頁）。

以上のように、鍛造工程においても、単に鋳造の鍛造化のみでなく、鍛造工程の自動化と連続化がはかられ、作業の単純化・高速化によって、コスト削減と大量生産を実現したのである。

機械加工工程

鋳造（熱処理）された粗形材は、機械加工によって部品として完成するが、機械加工工程も、鋳造工程と同様きわめて時間のかかる工程である。エンジンブロックなどのような多種類の機械加工を必要とする部品の場合、機械への脱着時間、加工時間、つぎの機械への搬送時間と、完成するまでに長い時間を要する。しかも、T型車はボルト・ナットを含めれば五、〇〇〇もの部品から構成されており、大量生産体制を構築するためには、機械加工作業をいかに効率化するかということが不可欠の課題となった。したがって、カイム製作所の買収による鍛造工程の拡大は、鋳造工程の負担を少なくするのみでなく、機械加工の負担を軽減するという意味でも重要な戦略であった。

ハイランドパーク工場の機械加工工程の再編はつぎのように展開した。第一に、工作機械の高速化・精密化である。フォード社では、機械の設計・試作はフォード社で行い、それを機械メーカーに発注するという調達方式をとっていた。ソレンセンのつぎの逸話は、工作機械の高速化が厳しく追及されたことを物語っている。「わが社の需要を満たすために新機械を設計した際、チャーリー・モーガナは、機械メーカーに対し仕様書を示し、一時間に何百個も作り出せる機械を要求したものだ。メーカーは、時間当たり多量の生産を要求する、チャーリー・モーガナの仕様書を読んでは、われわれがまちがえているのだといつも思ったものだ。『一時間に何百個作るということでなく、一日に何百個作るということなんですね。』すると、設計者が席について、われわれがまさにそのとおりの機械を作ったのだから、われわれが正しいのだ、と証明しなければならなかった。われわれが購入した数千台の機械についてこうしていったのである」（ソレンセン、六三頁）。

工作機械の高速化は、まず機械の単能化・専用化によって行われた。フォードが「一つの機械は一つの作業のみを行うのである」（フォード・b、一〇五頁）とのべるように、特定の加工目的一つに特化した工作機械が採用された。しかし、機能の単能化は、それ自体は高速化するが、それぞれの機能に専用化した機械を多数必要とする。その結果、ハイランドパーク工場では一五、〇〇〇台もの工作機械を部品ユニット別に配置した。エンジンブロックの機械加工工程についていえば、二八の工程それぞれに専用の工作機械が配置された。工作機械の単能化によって、作業が単純化し、熟練が不要になり、コストの削減に大いに寄与したことは間違いない。また、工作機械の高速化は単機能をマルチ化した特殊機械の製作として実現した。エンジンブロックの四面に一度に四九の穴を同時に開ける多軸ボール盤、四個の気筒を同時に削る多軸中ぐり盤、三面に二四個のねじ穴をあけるタッピング機、多頭フライス盤など、加工のマルチ・ステーション化がはかられ、単機能の同時加工によって機械加工の高速化を実現したのである（Arnold, pp. 77-83）。こうした機械の設計は、社内の設計部が担当し、「増産になるものならどんな機械でも使ってみた」（ソレンセン、一四六頁）とソレンセンは述懐している。しかも、重要な改善は、このような機械に素材をセットする取付装置を同時に開発したことである。ハウンシェルの表現をかりれば、「フォード社のチームは、一五個のエンジン・ブロックを同時に乗せ、簡単にピタリと位置決めができ、しっかりと保持するフライス盤用取付具と作業台、それに一度に三〇個のシリンダー・ヘッドを保持できるといった類の装置」（ハウンシェル、二九二頁）を作るなど、機械のマルチ化に対応する治具・取付具を開発し、機械加工の高速化を推進したのである。ただし、作業者による素材の脱着・起動・監視作業は基本的にそのままで、単能機の連続化、したがって自動シーケンス制御による脱着・起動作業を廃止したトランスファーマシンの導入は、一九二〇年代以降のことである（本格的には第二次世界大戦後）[15]。

つぎに、工作機械の精密化であるが、精密機械である自動車の互換性部品は、その精度を基本とする。フォードは、一九二六年著書において、「部品が互換性をもつことは、経済的な生産を行ううえで絶対に必要である。（中略）われわれが作っているのは部品であり、完成車はそれが使用される地方で組み立てられる。こうしたことをするためには、過去において考えられていたよりはるかにきびしい正確さが製造に要求される。もし各部品が正確に適合しないならば、結局その組立品は動かなくなり、ディザインしたときにせっかく考慮した経済的効果は大部分失われるであろう。こうした事情により、われわれは製造上の絶対的な精密さが不可欠のものとなり、ある場合には、一万分の一インチまでの正確さを必要とするようになった」（フォード・b、一〇二―一〇三頁）と、部品の精度を強調しているが、ハウンシェルは、「この精度がT型車の大量生産の基盤になった」（ハウンシェル、二九五頁）としたうえで、「この時期における工作機械の精度と速度の改善は、もっぱら冶金技術の発展と硬度の増加によるものであり、この改善がフォード社における―そして自動車産業全体の―生産能力を急速に上昇させた決定的な要因となったということである。シンガー製造会社では精度の低い機械加工部品によって組立上の問題が生じたことを考えれば、フォード社が精度にこだわったことは強調しても強調しすぎることはない」（ハウンシェル、二九四頁）としている。

フォードは、工作機械のこの精密さを確保するために、世界で最も精密な測定器具ヨハンソン・ゲージ・ブロックスを採用した。表面を手でこすった二枚のブロックを合わせると、物理的現象によって二一〇ポンドの牽引力に絶えるというほどの平面を持つ測定器具である。このような「異常な性質」―一〇万分の一インチという高精度測定―を、部品生産に適用したのである。フォードがいかにこの精度を重視したかは、制作者のC・E・ヨハンソンをスウェーデンから呼び寄せてフォード社の一員とし、アメリカでの製造権を購入して製作し、アメリカ中の工作機械製造者に販売したことでわかる（フォード・b、一〇三―一〇四頁）。こうして、フォード社は、当時アメリカで最も品質のすぐれた大衆車T型自動車を生産し続けたのである。

第二に、品種別ライン作業すなわち流れ作業への工作機械と作業者の再配置である。ピケット工場においては、小規模とはいえ、各種の工作機械が、加工タイプに応じて、それぞれ機種別にまとめて配置されており、加工順序や運搬作業のために作業進行が交錯することも少なくなかった。ハイランドパーク工場では、品種別作業組織への変更に対応して、工作機械の単能化・専用化とともに、専用機と作業者とを素材の加工順に並べ、一連の機械加工を順次行う流れ作業方式に転換したのである。図2-2は、ハイランドパークの機械作業工場の一九一三年の機械配置を示しているが、一つの建屋内に機種別かつ加工工程順に配置されていることがわかる。

しかしながら、塩見が指摘するように、「当時のハイランド・パーク工場の機械加工工程においては、

図2-2　ハイランドパークの工作機械工場のレイアウト

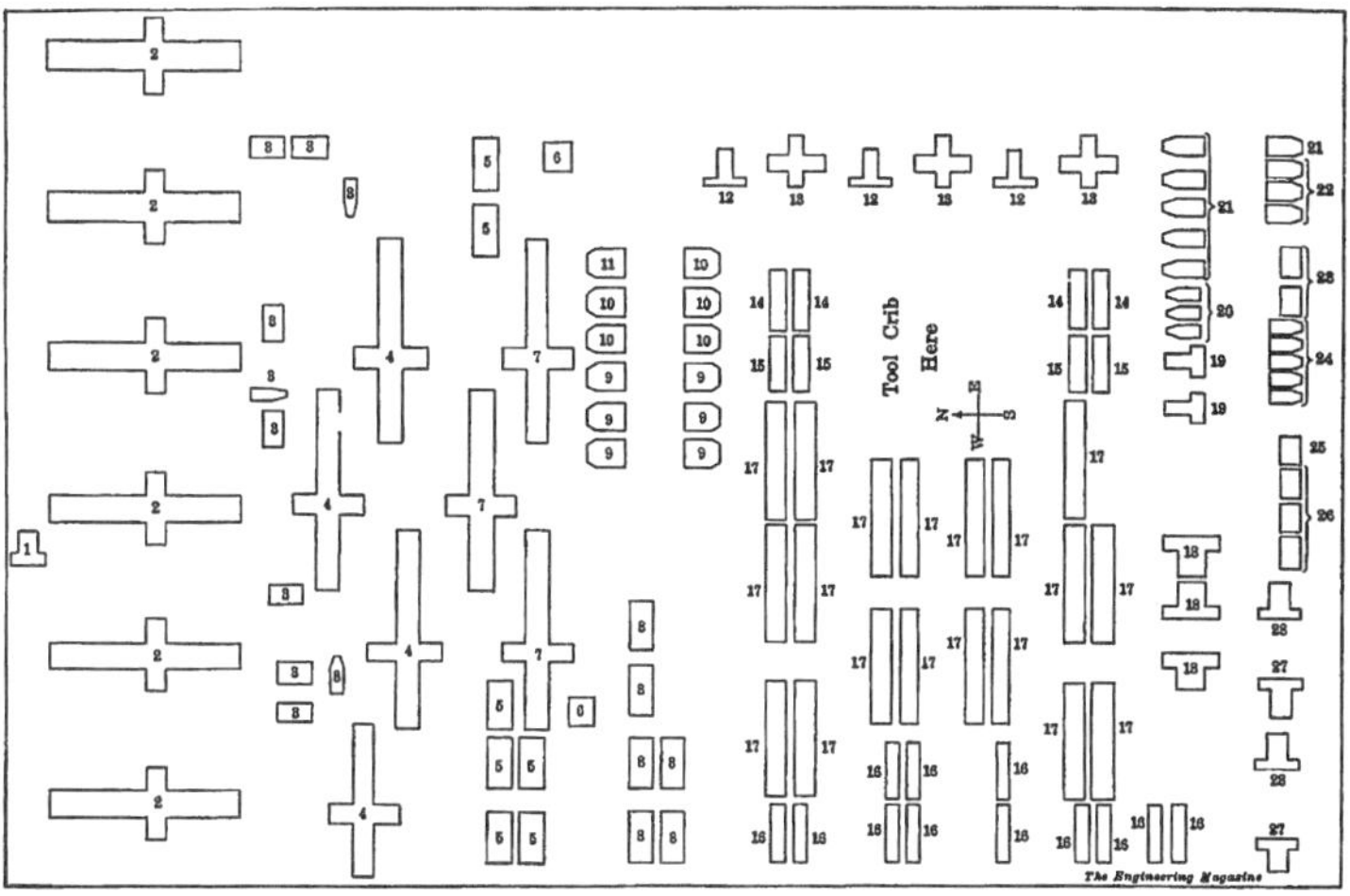

出所）Arnold, H. L. and F. L. Faurote, *Ford Methods and the Ford Shops*, 1915, p. 74.

機械的搬送手段がなく、（中略）加工対象の部門内搬送の機械化とレイアウトの再整備は、機械加工工程の重大な課題となっていたのである」（塩見、二二六頁）。こうして、一九一四年、レイアウトの再配置とともに自動式の搬送手段が導入された。重力滑り台、ローラー滑り台、そしてベルトコンベアなどである。これらの搬送手段は、それまで手押し車でつぎの工程に運んでいた労働を排除した。とりわけ、機械式搬送手段であるベルトコンベアは、加工品の自動搬送だけでなく、切削屑をも自動回収する手段となった。また、これら機械式搬送手段は、機械の近接化と機械加工の連続化を可能とした。

フォードは「これらの機械類は作業の順序に従って配置されているのみでなく、各作業者と各機械とが要すべき平方インチを与えるべく科学的に配置されており、しかも可能ならば、必要な広さよりも一平方インチでも、また、もちろん一平方フィートでも余分には与えないように配置してある」(Ford, a, p. 113) とのべている。しかしながら、このような流れ作業組織への再編を可能にしたのは、何よりも工程明細表の作成であったとハウンシェルはのべている。「この工程表には、さまざまな部品の機械加工工程や必要な資材投入量、それに必要な工作機械、取付具、ゲージ (これらすべてに番号が付され、部品設計図と対照されていた) の詳細が記載されている。この紙の上に描かれた加工工程順の構造が、工場の配置をどのようにすべきかを示していた。この工程表を用意することで、混沌としかねない新モデルの生産に秩序と明断さがもたらされた。工作機械に必要な条件が工程明細表に詳細に記され、この明細表は全く新たな工作機械の設計の可能性も示唆した」と (ハウンシェル、二八五頁)。

以上のように、ハイランドパークの機械加工工程の再編は、流れ作業方式、すなわち工程明細表にもとづいて加工順に機械を配置したことと、機械式搬送手段の採用によって、レイアウト・スペースの縮小、機械の近接化と機械式搬送手段の使用による搬送労働の排除、間断のない作業の連続、作業の不熟練化による労働コストの削減など、加工リードタイムの短縮および加工コストの削減に非常に大きな革新をもたらしたのである。

組立工程

フォードは、組立作業の作業方式の変遷についてつぎのように説明している。「わが社の最初の組立工場では、自動車を作業場の一ヶ所に置いて、ちょうど人が家を建てるのと同じように、作業者がそこに必要な部品を持ってきて組み立てていた」(Ford, a, pp. 79-80)。いわば、このマックアベニュー段階のフォード社は、設計をフォード自身が担当し、部品生産を外部業者に委託するという、ほぼ組立のみを行う工場であった。つぎのピケットアベニュー工場については、工場の一部に部品製造部門を設け、「通常一人の作業者が車のある一部分に必要なすべての作業を担当した。しかし、生産の急速な増加のため、作業者相互の仕事が重複しないように生産計画を工夫する必要が生じた。指揮を受けていない作業者は仕事をするよりも材料や工具を探し歩くことに多くの時間を費やしていた」(Ford, a, p. 80)とのべているが、ハイランドパーク工場の当初の状況も、こうした作業方式に基本的な変化はなかったようである。エンジン、前後車軸、ダッシュボードなどユニット部品は、組立台の上で一人作業として組み立てられていたし、シャシーの総組立についても、一カ所で専門作業集団による部品の組み付けが行われていた(以上は、ハウンシェル、一九八―三〇一頁の掲載写真説明による)。こうした状況について、ハウンシェルは、F・H・コルヴィンの観察記録として、「労働者が必要な部品を各々の組立台に配送する。部品の配送時間は、組立台で必要となる直前には部品が組立台に届いているように設定されていた。自動車のフレームは脚立のうえに静止したままであった。他方、組立チームつまり集団が動き回り、組立台から組立台へと次々に移動していた。(中略)全体の調整が注意深くなされている場合には、この方法はうまく機能した。しかし、正確な資材配送の問題や、集団が制限時間を守らない(したがって、お互いの集団が邪魔になる)問題にフォード工場は悩まされていたと想像される」（ハウンシェル、二九八―二九九頁）と説明している。すなわち、部品配送係を置いていたとはいえ、台上静止組立において、特定の作業に集中・専門化した作業集団が、作業場を動き回ることによる混雑した状況の中で、専門化した作業間の調整、工程管理の問題が大きな課題になっていたことがわかる。しかしながら、「部品の配送時間は、組立台で必要となる直前には部品が組立台に届いているように設定されていた」ことは、きわめて重要な観察であり、現場在庫の最小化をはかるフォード式ジャストインタイムがすでに指向されていたことがうかがえる。

こうして、このコルヴィンの観察のわずかに後日のことであるが、「一九一三年四月一日頃であったか、われわれは組立ラインの実験を初めて行った。われわれは、フライホイール式磁石発電機の組立作業においてそれを行った」（Ford, a, p. 81）とフォードはのべている。実験の内容は後述するとして、ここにおいて組立工程にライン生産を導入する初めての実験が行われたのである。組立工程へのライン生産導入の発端については、工場建設の責任者ソレンセンがフォードの説明を真っ向から否定しており[16]、またハウンシェルも、もと作業員の回想録を引用して、「移動式ライン方式を実施したのは発電コイル組立が最初だったということ、また、永久磁石のフライホイールへの組付けを移動式ラインで行ったのは、実際にはエンジン組立や変速機ギア・クラッチ組立部門における移動式ライン組立の後だったということである」（ハウンシェル、三一〇頁）としているが、そのいきさつはともかく、当時の精肉や缶詰工場、製粉工場あるいは前述のウェスティングハウス社の自動鋳造の例にも見られるように、機械式搬送装置を使った流れ作業工程の事例を参考にすることが難しいことでなかったことは確かであろう。

フォードの説明を続けよう。「組立作業の最初の改善は、作業者が作業の場所に行くのでなく、作業を作業者のところへ移動させることから始められた」(Ford, a, p. 80) というように、それまでのような作業集団が移動する作業方式を、作業者が動かずに加工対象が移動するという作業の発想の根本的な転換が行われたのである。そして、フォードは、組立作業について、つぎの三つの原則を提起する。①組立作業の順番にしたがって工具と作業員を配置し、各作業完了まで構成部品の移動を最小限にすること、②滑り台やその他の搬送具を使って、一人の作業員が作業を完了したときに、その部品を常に同じ場所―手の届く最も適切な場所―に置き、出来れば重力でつぎの作業者のところに運ぶこと、③組み立てられる部品が便利な距離で引き渡されるようにスライド式の組立ラインを使用することである (Ford, a, p. 80)。しかも、「今では、われわれは二つの一般原則をすべての作業に適用している。それは、必要でないならば、作業員は一つの作業しかしないこと、そして、誰も腰をかがめて仕事はしないということ (Ford, a, p. 80) である。これらをまとめてみれば、新たな作業方式は、加工対象の加工 (組立) の順序にしたがって機械・労働者が配置され、作業者は、流れてくる加工対象に対して決められた一つの加工を加え、つぎの作業者にそれを送るというものである。加工対象の次工程への搬送は、つぎの作業者に手でスライドさせる方法、重力を利用して滑らせる方法、そしてコンベアのような搬送機械によって移動させる方法など諸方法があるが、「要は、あらゆるものを動かしておいて、人を仕事のあるところへ行かせる代わりに、仕事を人のところへもってくることである。

これがわれわれの生産における真の原則である。そしてコンベアは、この目的のための多くの手段の一つにすぎない」（フォード・b、一二五頁）のである。この品種別ライン作業すなわち流れ作業と自動搬送システムこそ「大量生産の二要素」であるとハウンシェルはのべている（ハウンシェル、三〇一頁）。

では、フライホイール式磁石発電機の組立工程への移動式組立ライン導入はどのように行われたのであろうか。フォードの説明は、実はアーノルドの観察記録が原典となっていると考えられ、またアーノルドの説明が詳細であるので、アーノルドの説明によってそのプロセスを見てみよう。

①「この移動式の磁石発電機組立ラインの導入以前は、フォード社のフライホイール式磁石発電機は一人組立方式であった。この仕事に就いている各作業者は、フライホイール式磁石発電機一個の組立作業をすべて行い、一日九時間作業で三五個から四〇個の完成品を生産していた。経験豊富な作業者がその仕事を担当していたが、均一性という点では望ましい結果は得られていなかったし、すべての一人組立作業の宿命として、当然のことながらコストが高くなった。一日九時間で四〇個の組立といえば、一人の作業者で行う最短時間だが、その場合で一個につきほぼ二〇分要したことになる」（Arnold, p. 112）。

②「（スライド式）移動組立ラインが二九名の作業者の作業に導入され、各人の作業が二九の作業に分割されると、その二九名の作業者は、一時間に一三二個、九時間で一、一八八個のフライホイール式磁石発電機を組み立てた。各人が一個のフライホイール式磁石発電機の組立を一三分一〇秒で行

ったことになる。それは、一個の組立につきほぼ七分の節約、以前の方式の最短時間の三分の一以上の節約になる」(Arnold, p. 112)。

③「一九一四年三月一日ごろ、フライホイール式磁石発電機組立にチェーン駆動の高架式新規ラインが導入されたが、その時すでにフォード社の一日の労働時間は八時間に短縮されていた。当時、フライホイール式磁石発電機組立の生産力は、人員交替や経験蓄積から改善されており、一八名の作業者が八時間に一、一七五個の磁石発電機を組み立てていた。一人一個当たり七分強の組立時間となる」(Arnold, p. 114)。

④チェーン駆動のスピードが試行され、最初一分五フィートにしたが、これはかなり速すぎた。つぎに一分一八インチにしたが、これではきわめて遅いことが判明した。第三の試行では一分四四インチ(三フィート八インチ)にしたが、この速度で落ち着いた。ただ職長はさらに効果的に速度を速めることが出来ると信じている。このように、チェーン駆動方式が、遅い作業者の作業を速くさせ、速い作業者には前もって作業を抑制させる、いわば全般的な調整器ないし等化器として機能するという、きわめて大きな改善をなしたことは明らかである」(Arnold, p. 114)。

⑤作業者たちが自動的に移動する組立作業に馴れるとすぐに、四人の作業者がラインから除かれたが、生産量は以前の実績を一六〇〇個越え、一四名の作業者が八時間に一、三三五個のフライホイール式磁石発電機の組立を行った。かつて一人当たり二〇分で一個であったのに対して、一人当たり五分で一個組み立てたことになる」(Arnold, pp. 114-115)。

以上、アーノルドの計算を確認すると、一人一個当たり組立時間は、①二〇分、②一三・一八分、③七・三五分、⑤五・〇三分となる。フォードは、「科学的研究の助けをかりて、一人の作業者が、つい数年前の四倍以上の仕事をすることができるようになった」(Ford, a, p. 81) と、その結果を高く評価している。確かに、アーノルドの説明によって一人一個の生産時間を見れば、①が二〇分であり、組立ラインの導入によって、それが②一三・一八分となるから、ここに重大な生産性の飛躍があったことになる。また、チェーン駆動の移動組立ライン導入によって、②一三・一八分が最終的に⑤五・〇三分になったことを見れば、チェーン駆動の移動組立ラインの生産性向上効果が著しいこともわかる。すなわち、そこには二段階の生産性の飛躍が見られる。スライド式移動組立ラインを導入した段階とチェーン駆動式移動組立ラインの導入の段階である。

しかし、ここに少々厄介な問題がある。それは、①の段階、熟練労働者一人が一日九時間労働で最高四〇個を生産する場合、一個当たり組立時間は二〇分なのであろうか。筆者の計算違いであれば良いのだが、九時間で四〇個組立てるならば、一個あたり組立時間は一三・五分(一三分三〇秒)である。言いかえれば、一個二〇分の組立時間の場合には、一時間で三個、九時間で二七個しか生産できない。それゆえ、②の段階、スライド式移動組立ラインの導入によって、一個あたり組立時間が一三・一八分になったとするならば、そこには実はほんのわずかの時間短縮しか認められないのである。筆者の計算が正しいとするならば[17]、つぎのことがいえる。フライホイール式磁石発電機の組立工程への品種別作業方式の導入の場合、たとえ組立順に作業分割して作業者を配置したとしても、作業者の作業速度に依拠するスライド方式では大きな生産性の飛躍は認められなかったということである。動作研究による加工時間の均一分割化がなされ、それを機械式搬送手段によって作業速度を強制することによってはじめて生産性は大きく飛躍したということである（当初の二・七倍、スライド式移動組立方式の二・六倍）。加工時間に対する搬送時間の比率が大きいこの事例の場合、ハウンシェルがのべるように、流れ作業方式は機械式搬送手段によってその意味をもったということである。フォードは、コンベアを流れ作業方式の単なる手段だとのべるが、ベルトコンベアの導入が、作業の時間的規則性と作業の連続性、作業の強制性を特徴とする完全な流れ作業方式に結びつき、それが作業時間の削減、したがってコストの削減に重大な貢献をなしたことは間違いないのである。

ところで、このアーノルドの説明は、これまで何の疑問もなく多くの研究資料に採用されてきた。本書で参照している文献についても同様である。当のフォードすらこのまま採用している（Ford, a, p. 81）。ハウンシェルも、アーノルドの別の箇所の説明の「混乱」を指摘しつつも（ハウンシェル、三一〇頁）、この点については疑問を持っていない（ハウンシェル、三一三頁）。したがって、これを出発点とする立論があれば、修正されねばならないであろう。

フォード社における組立作業への最初の移動式ライン生産の導入といわれるフライホイール式磁石発電機の事例は以上の通りであるが、ソレンセンによれば、「モーター、フェンダー、磁石発電機、変速装置の組立（に）コンベヤー・システムを導入するにあたり、作業予定表を作りあげた。これらの作業工程を一つ一つ改造して、組立を完了した部品を常時動いているコンベヤーで、最終組立ラインのある階へと運ぶようにした。時間の節約はめざましいものがあった—組立時間がそれまでの六分の一になった部品もある。一九一三年の八月までに、動く生産ラインは完成した。ただし、最終段階の最も華々しい部分—五年前のある日曜日の朝われわれが初めて実験した組立ライン—はまだだったが」（ソレンセン、一五〇—一五二頁）と、最終組立への移動組立ラインの導入は、これら部品生産の革新を待って行われたと説明している。

因みに、ユニット部品生産への移動組立ラインの導入による展開過程についてアーノルドの説明を見ておこう。

まず、エンジン組立である（Arnold, p. 116）。

①一九一三年一〇月　静止組立台の上で、一、一〇〇人の組立工が、一日九時間労働で一、〇〇〇台を組み立てた。一台当たり五九四分（九時間五四分）である。前述のハウンシェルの説明と同様、フォードも「エンジンの組立は、以前は一人の作業者が全てをやっていた」（Ford, a. p. 81）といっているが、塩見は組作業を想定している（塩見、二三〇頁）。

②同一一月、全工程に組立ライン導入の試行が行われ、その後改良がなされて、手動滑り軌道を全工程に配備したエンジン組立ラインが導入された。一九一四年八月現在、四七二名の組立工が一日八時間労働で一、〇〇〇台を組み立てている。一台当たり約二二六分（三時間四六分）に短縮した。生産性は二・六倍になった。

この事例の場合、八四の生産工程の各作業時間を見ると、作業内容によって一秒から三五五秒まで、きわめて大きなばらつきがある（Arnold, pp. 118–127）。このため、フライホイール式磁石発電機の組立の場合と異なり、機械式搬送手段を使用することはできず、各作業終了とともにつぎの工程に手でレールの上を平面移動させる手押し式の滑り台が用いられたのである。この方式で生産性が二・六倍になったということは、加工対象の搬送時間が加工時間に比較してきわめて短いことによるもので、適切な時間研究を前提とした流れ作業方式による分業の機能の利益であるといえよう。

つぎに、前車軸の例を見よう（Arnold, pp. 193–194）。

① 一九一三年一月　各自の万力を与えられた全部で一二五人の組立工が、長い組立台の前に配置され、一日九時間で四五〇個の前車軸を組み立てた。一個の組立時間は、一五〇分（二時間三〇分）である。

② 一九一四年一月一日　いくつかの改善がなされ、九〇人の組立工が一日八時間で六五〇個生産した。一個の組立時間は、六六・四六分（一時間六分二八秒）。組立時間は半分以下になった。

③ 一九一四年六月一日　チェーン駆動の移動組立ラインが導入された。直後の六月一三日、四四人の組立工が、八時間に八〇〇個組立、塗装、乾燥した。一個の生産時間は二六分二四秒である。当初の約五・七倍の生産性である。この場合には、流れ作業工程への機械式搬送手段の導入効果が大きいことがわかる。

つぎに、トランスミッション・ケースの事例を見よう。

従来方式では、一人組立方式で、組立工一人一日九時間労働で二〇〜三〇個を組み立てた。一個当たり一八分である。現在方式は、二三に分割された組立工程に、二三名の組立工が配置され、それぞれ一つの工程を担当して、一日八時間労働で一、二〇〇個のトランスミッション・ケースを組み立てる。一個あたり九分一二秒である。従来方式の約半分である。

こうして、いよいよ、最終組立工程であるシャシー組立への移動組立ラインの実験が一九一三年の八月に開始されたのである。（以下、Arnold, pp. 135-139による観察記録）

① 一九一三年八月まで　一カ所に全ての部品を手で運んで静止組立を行っていた。全長六〇〇フィートの床面にそって二列、一二フィート間隔に一列五〇カ所、合計一〇〇カ所の静止組立場が配置され、通常五〇〇人の組立工と一〇〇人の部品運搬工、合計六〇〇人の作業者が働いていた。またこの間、四月一日頃、フライホイール式磁石発電機のスライド式移動組立ラインが導入された。

② 同年八月（暇な月）　二五〇人の組立工と八〇人の部品運搬工で、一日九時間労働、二六日間で六、一八二台のシャシーを組み立てた。一台一二時間二八分である。一方、暇な月を利用し、ロープとウィンチを使ってシャシーを引っぱる二五〇フィートの移動組立ラインの実験が行われた。六人の組立工がシャシーとともに移動しながら、ラインの横に積まれた部品を組み付けるのである。これで、シャシー組立の時間は五時間五〇分に短縮した。五〇％以上の短縮である。

③ 同年一〇月七日　全長一五〇フィートの移動組立ラインが設置され、部品を適切な位置に積むことによって、部品運搬工なしに、一四〇人の組立工が一日九時間で四三五台を組み立てた。一台当たり二時間五七分である。

④同年一二月一日　組立ラインを三〇〇フィートに延長し、組立工を一七七人に増やした結果、一日九時間に六〇六台を生産した。一人一台当たり二時間三八分である。

⑤同年一二月三〇日　手押し式の搬送方式とし、組立ラインを二本にした結果、一九一人の組立工が一日九時間で六四二台を生産した。一人一台二時間四〇分である。

⑥一九一四年一月一四日　一本の組立ラインにチェーン駆動搬送方式を導入し、良好な結果を得た。

⑦同年一月一九日　組立ラインを四本とし、一本をチェーン駆動搬送方式とした。

⑧同年二月二七日　チェーン駆動高架式移動組立ラインを三本設置した。一本を床上二六・七五インチにレールを設置した結果、一台組立時間が最短八四分から最長一二〇分とばらつきが出た。そこで、残りの二本のラインを、作業者の身長に合わせて、一方は二六・七五インチ、もう一方は二四・五インチとした。

⑨同年四月三〇日　これら三本の移動組立ラインで、一日八時間に一、二一二台を生産した。一台当たり一時間三三分となった。当初の一二時間二八分に比較して、実に八倍強の生産性向上である。フォードは、これを「腰の高さでの作業や作業の細分化によって作業員の動作を削減した結果」（Ford. a. p. 82）であるとしている。

こうして、シャシー組立工程は、一九一四年の半ばまでには一応移動組立法の導入を完了するが、その時の組立工場の様子について、フォードはつぎのように描いている。

「シャシー組立ライン速度は毎分六フィート、（中略）シャシー組立工程は四五作業に分けられている。

最初の工員は、シャシーのフレームに四個の泥よけ板を取り付け、一〇番目の作業はエンジンを取り付けるという具合である。ある工員たちは一つか二つの細かい作業を行い、他の工員たちは、今少し多くの作業を行う。部品を一定の場所におく工員は、それを組み付ける作業はしない。その部品はいくつかの作業が終わるまでは完全には組み付けられない場合もあるからである。ボルトを取り付ける工員はナットをつけない。ナットをつけた人がそれを締めつけることはない。三四番目の作業は、前もってオイルを入れてあるエンジンにガソリンを注入する作業、四四番目の作業でラジエーターに水が注入され、そして四五番目の作業で完成車がジョン・アール街に走り出す」(Ford, a, pp. 82-83)。

なお、シャシーの上に載せるボディについて付け加えると、当時のボディは、木骨を鉄板で覆ったもので、手作業の多い工程であったが、チェーン駆動のコンベア導入により、コストを大幅に削減したとアーノルドはのべている(Arnold, p. 153)。

以上、部品生産への移動組立法の導入とともに、最終組立ラインへの移動組立法の導入が大成功したことによって、ハイランドパーク工場は、品種別ライン作業すなわち流れ作業あるいは流動作業と機械式搬送システムという大量生産の二要素を確立した。こうして、「普通の組立ラインと大量生産の組立ラインとの相違は、完全なる同期性があるかないかということである」(ソレンセン、一四五頁)とソレンセンがのべるように、部品組立工程と最終組立工程とがジャストインタイムに統合され、システム化されることによって、信じられないほどの生産性の向上とコスト削減をもたらした。(18) それは、フォーディズム実現のための技術的基盤の確立であったといえるのである。

生産の集中と分散

ハイランドパーク工場の完成は、大量生産と生産コストの削減というフォードの目標を実現した。それは、ほとんど全ての部品を外部に依存していたマックアベニュー工場段階から、部品の内製化を進め、生産の集中化をめざしたピケットアベニュー段階、そして資源・エネルギーから完成品までの垂直統合化をめざし実現したハイランドパーク工場段階への、いわば生産の集中化と規模の経済への発展過程であった。しかしながら、生産の大規模化・集中化は、他方で重要な問題点を生じ始めた。

一つは労働者の過密化の問題である。労働者の数が過大になると、過密通勤や住宅・物流・健康・子供の教育など、諸問題が発生することである（フォード・b、一六九頁）。一九一四年からの最低賃金の倍増による工場周辺への人口増加がこれに拍車をかけた。二つに、消費（販売）市場が、国内市場のみでなく海外市場へも拡大することによって、生産の大規模化への圧力がさらに強くなると、資源および製品の輸送量・コストの増加、いわば輸送コストをいかに削減するかが大きな課題となる。以上の問題を回避するために、フォードは二つの大きな改革に乗り出した。いわば、もの作りの第三の命題「誰が作るのか、どこで作るのか」ということである。

第一に、部品生産の農村地域への分散である。フォードは、生産の集中化のメリットを発見したが、「その後われわれはいま一つの新発見をした。それは、全ての部品を一つの工場で造る必要はないということである。実のところこれは発見というものではなかった。エンジンや部品の九〇％を購入していた創業時に行われていたやり方であったからである。部品の内製を始めたときから、全ての部品が一つの工場の中で作られる事を当然のことと考えてきた」（Ford, a, p. 84）。しかし、大規模な生産の増加が起こると、部品の生産量・工場規模が過大になる。「かようなわけで、われわれは今では最初に出発したところに逆戻りしている。ただ、異なるところは、外部から部品を買う代わりに自ら所有する外部の工場で生産を始めたことである。このことはとりわけ重要な意味を持つ発展なのである」（Ford, a, p. 84）。すなわち「高度に標準化され細分化された工場では、大規模工場で問題となる輸送や住居の不便さを工場に集中化する必要はないということである。一工場には一、〇〇〇人もしくは五〇〇人いれば十分で、それならば、工員を移動させる問題もなくなれば、工員が大規模工場の近くに住む場合に生じる過密化に付随するスラム化その他の不自然な生活方法も起こらない」（Ford, a, pp. 84-85）からである。

そして、フォードは、この分工場を近隣の農村に求めた。農民出身のフォードが、経済活動の根本として、農業と工業そして運輸の結合をあげていることについては前章で論じたが、フォードは、農業地域に労働市場を求め、雇用機会を提供し、農業者の所得を増加させ、顧客として成長させるという、農業と工業の結合を実践したのである。「農場には閑散期がある。その時こそ農民が工場に入り、農場の耕作に必要な物の生産に助力する時である。工場もまた暇な時期がある。その時こそ労働者が農場に赴き食料の生産に助力するときである」（Ford, a, p. 189）。こうして、「工業と農業とが完全に再編成されたときには、両者は相互補完的なものとなる。つまり、両者は結合し分離できないものとなる。事例として、われわれのバルブ工場を例に挙げよう。われわれは、その工場を街から一八マイル離れた田舎に建設したが、そこでは労働者が同時に農民なのである。機械を使用することによって、農業は現在消費する時間のわずかな部分しか使用する必要がなくなる。自然が生産するに要する時間は、人間が種をまき、耕し、収穫するのに要する時間よりもはるかに長いものとなる。また、多くの産業において、生産する部品がかさばったものでない限り、それがどこで製作されようと大差ない。水力の利用によって、農業地帯においても十分に生産することができるのである。こうして、われわれは通常知られているよりもはるかに大きな程度で、最も科学的かつ健康的な条件の下で農業と工業の双方で働く農工労働者（farmer-industrialist）を育成することができる」（Ford, a. p. 133）のである。フォードは、このバルブ工場建設に三五人の生産担当者と機械類を送り込み、バルブ製造作業を二一工程に分割して、近辺から労働者を三〇〇人雇用した。その結果、ハイランドパークでは、一個当たり八セントのコストであったが、そこでは日産一五万個、一個当たり三・五セントで生産できたという（フォード・b、一七三頁）。

このような農村分工場の事例をフォードはいくつかあげている（フォード・b、一七三―一七七頁）。それらは、ルージュ川やヒューロン川の水を利用して水力発電を行い、その一部の電力で小物部品を生産するのである。作業者は農村地域からのみ採用し、賃金はハイランドパーク工場と同じ額を支払い、しかも、生産コストはハイランドパークで作るより安い。こうして、フォードは、一方でのハイランドパーク工場における集中化の利益と、他方での農村分工場への分散化の利益とを組み合わせることによって、農工の結合という持論の実践とコストの削減という一石二鳥の利益を獲得したのである。

第二に、消費市場への組立工場の分散である。販売が全国各地で増加してくると、ハイランドパーク工場での生産の増加・集中化はますます激しくなる。それは、生産資源の安定確保をいかにするか、それにも増して、生産地と消費地との距離が長くなることによる製品の輸送コストの増加にいかに対処するか、フォードは、これらの問題に対応するために、二つの改革に乗り出した。一つが輸送手段・方法の改革であり、いま一つが大消費地に組立分工場を建設することである。まず、輸送手段の改革は、鉄道事業と船舶事業とによって行われた。鉄道は、デトロイト・トレド・アンド・アイアントン鉄道であるが、ケンタッキー州およびウェストバージニア州の炭鉱とハイランドパーク工場（および後のリバールージュ工場）を結び、また多くの東西の幹線と交差するため、ハイランドパーク工場の初期から資源輸送・製品輸送の最も重要な輸送手段であった。このため、フォードは私営のこの鉄道経営を支えてきたが、一九二一年にはこれを買収して、輸送網の改革を行った。また、後には、ルージュ川を改修・浚渫して、運河をつうじて五大湖に結びつけ、大型船によって東部地域への輸送に結びつけた。このような輸送手段の改善によって、フォードは、自動車の生産・配給のリードタイムを二〇日から一四日に短縮した。すなわち、「原料購入から製造、そして完成品が販売店に達するまでの時間が、以前よりおおよそ三三％短縮した。われわれは、製造の中断を避けるために、ほぼ六、〇〇〇万ドル分の在庫を保有してきたが、輸送時間を三分の一短縮したために、在庫を二、〇〇〇万ドル分、年利息で一二〇万ドル分節約した」（Ford. a. p. 174）とのべている。輸送方法の改善については、たとえば、「ほんの二、三年前には、七台の大型乗用車（ツーリングカー）用ボディで、標準型三六フィート貨車はいっぱいになった。今では、このボディをばらばらのまま出荷し、各分工場で組み立て、仕上げをするようにしており、この同じ大きさの貨車で一三〇台分の大型乗用車用ボディを出荷する—すなわち、以前なら一八台の貨車を使っていたところを、一台の貨車ですましている」（フォード・b、一四一頁）というように、ノックダウン生産を開始したことである。もちろん、これは海外工場の場合にも適用された。

つぎに、組立分工場の消費地建設である。フォードは、戦略消費地域に販売・サービス支社を設け、一九一〇年一〇月のカンザスシティの組立工場建設を初めとして、支社に現地組立工場の併設を開始した。フォードは、一九二六年著書において、「現在われわれは、完成車を出荷しないで、合衆国全土の商業の中心地に三一の組立工場を設け、そこで製造工場からきた標準化部品を組み立て、完成車として出荷している。このためには、シャシー組立て、ボディ製造およびいっさいの塗装・仕上げ、車内装飾作業が必要となる。こうした分工場には、クッション、スプリング、および箱形ボディを製造しているものもある。これらの工場は、まったく同一のシステムの下で作業し、同一の標準工具を使用し、同一の方法で自動車を作っており、総計約二万六千人の人々に職を与えている」（フォード・b、一四〇頁）とのべているが、塩見によれば、組立工場を持つ支社の数は、一九一〇年二社、一九一一年三社、一九一二年三社、一九一三年一八社、一九一四年二三社、一九一五年二八社、一九一六年二八社、一九一七年二八社と増加しており（塩見、一九七頁）、こうした支社の供給体制の充実とともに、フォード社の売上高は支社の販売体制に依存するようになった。ネヴィンスによれば、フォード社の売上高に占める支社売上の割合は、一九〇九年六二・二%、一九一〇年六六・六%、一九一一年六九・四%、一九一二年七二・七%、一九一三年七八・八%、一九一四年七九・六%、一九一五年八六・四%、一九一六年八七・八%と年々増加している(Nevins, *et. al.*, 1954, p. 652)[19]。

戦略地域での組立・販売の比重が大きくなることは、完成車をディーラー、顧客に届ける輸送の時間とコストを削減する、ディーラーに対する部品供給をスムーズに行えるなどの顧客サービスの充実とともに、ハイランドパークでの在庫スペースを削減できるという利点も追加された。他方、ハイランドパーク工場は、部品供給基地としての比重が高まることによって、部品の輸送時間・コストの問題が大きくなる。いわば、主工場と分工場の間の部品輸送の時間管理をいかに行うかが問題となる。なぜなら、「主工場と分工場との間の輸送時間は平均して六・一六日で、このことは平均六日分の必要量よりもやや多い部品が輸送中であることを意味する。これは『浮荷(フロート)』と呼ばれている。もし生産が日産八千台なら、四万八千台の完成車の組立てに十分な部品が輸送中であることになる。かくして、運輸部門と生産部門は、必要部品が各分工場に全部同時に到着するように、密接な協力関係を保っていなければならない」(フォード・b、一四二頁)からである。この調整は、貨車の積載量の標準化によって行われた。これによって、「浮荷」の測定が可能となり、いちいち出荷量を記入する必要がなくなった。印刷された出荷量が「出荷命令書」になるからである(フォード・b、一四二―一四三頁)。さらに、貨物の輸送管理は、全国の各接続駅や特定地点に係員を配置し、各地点間の時間測定を行うことによって、遅延が管理されたのである（フォード・b、一四三頁）。こうした輸送管理によって、資源の出荷から完成車生産に至るまでの生産リードタイムを一四日から三日と九時間にまで短縮したのである。

資材供給の改善

生産の効率化とコストの削減をめざすハイランドパーク工場の生産システム改革は、直接的な生産工程の自動化・連続化・システム化とともに、それを支える諸工程の改革によって行われたが、最後に、資材供給の改善について見てみよう。

生産の同期化は、各工程・作業ステーションに置かれた資材・部品の在庫を最小限にすることによって最も効率的となる。フォードは、「われわれは、資材を仕入れるに当たり、すぐに必要となる以外のものを購入する価値がないことを発見した。われわれは、その時点における運送状態を考慮して、生産計画に必要な量だけを購入した。輸送が完全で、資材の流れが確実ならば、いかなる在庫ももつ必要がない。原材料を積んだ貨車が時間通りに到着し、計画通りの順序と数量で貨車から降ろされ、生産に送り込まれる。それは大いに資金を節約するであろう」（Ford, a, p. 143）と。ハイランドパーク工場の改革以前にも、すでに「部品の配送時間は、組立台で必要となる直前には部品が組立台に届いているように設定されていた」と先に引用したが、この資材の配給がジャストインタイムになることを追求していたことは間違いない。

フォードの工場管理を一つの資料としてまとめられたL・P・アルフォード著*Laws of Management applied to Manufacturing*(1928)の中の「資材管理の法則」によれば、①資材使用の最高能率は、必要な品質および状態の資材を、必要な量、必要な時に、必要な場所に供給することによって得られる。②資材、工具、消耗品の在庫の最高の効率は、すべての品物について、決められた場所の、指定された箇所に保管し、かつそれの適切な記録をとることによって得られる。③資材の回転が速くなれば、資材管理費用は減少する。とりわけ、資材が製造工場で加工される場合は、工程と工程の間隔が最短になる時がもっとも経済的である(Alford, pp. 143-159)。フォードはこれら三点を重視していたと考えられる。①について見れば、投入資材のコスト削減は、必要な資材を、必要な時に、必要な量だけ投入するという徹底した投入在庫の調整、すなわち、ジャストインタイム方式によって行うことが、投入資源の無駄を最小限にする方法であるということを発見したのである。その結果、「計画部門は、その日までは全速力で生産を遂行させ、しかもその日がくれば、手持ち材料をすべて使い切って生産を中止することのできるよう、材料の量を見積もらねばならなかった。三二の提携工場と四二の分工場のためにも同じ見積もりをしなければならなかった」(フォード・b、一〇九頁)のである。ただし、「他方、突発事故があれば生産が中断するほど、在庫を少なくすることもまた一種の無駄である。この間のつりあいをとることが必要であって、それは輸送の発達に大いに依存している」(フォード・b、一三八頁)と、手持ち在庫の削減追求と同時に、最適在庫をいかにするかという、現代でもきわめて重要な課題となる在庫問題にも対応していたのである。また、②についても、工具についていえば、フォードは、工具の標準化、工具室の整理整頓を徹底し、また「フォード工具標準書」を作成して、工具の標準的な使用方法を明記し、新入社員教育に使用した。[20] ③については、記述の通りである。

⑵　フォードシステムのシステム原理

システム原理としての標準化、機械化、システム化

以上のように、フォードシステムの展開は、生産原理の革新、すなわち、品種別ライン作業と搬送の機械化とによる、全ての生産工程における労働様式の根本的革新であった。それでは、こうした生産原理の革新を実現したフォードシステムのシステム原理、すなわち、フォードシステムをシステムとして組織化する基本原理をどのように捉えればよいだろうか。宮田喜代蔵は、ゴットルに依拠して、①製品の定型化、②経営の総合的組織化、③コンベアを伴う流動作業をもって、フォードシステムの「原理的特質」としている（宮田、三七二頁）。宮田は、製品の定型化において大量生産の原則を、経営の総合的組織化において高速度生産の原則および調和的生産の原則を、そしてコンベアを伴う流動作業において分業的生産の原則、機械的生産の原則をあげる。そして、これらの諸原則は「別々に無関係に把握すべきできなく、原理的体系の統一性のうちにおいて、それぞれの意味關聯において把握せねばならぬ。すなわち製品の定型化は総合的組織化の前提的意味において、コンベーヤーを伴う流動作業はかかる綜合的組織化の手段として」（宮田、三七三頁）捉えなければならないとしている。また、藻利重隆は、フォードシステムを「生産の総合的同時化」と規定し、その前提として①標準化を、その手段として②移動組立法を位置づけたことは前述した。標準化を前提条件としてコンベアシステムを手段とする捉え方は、フォードの見解を忠実に理解するものであり、また多くの論者の一致するところであるが、フォードシステムを構成する必要条件として生産諸要素の標準化を、その十分条件としてコンベアシステムを位置づけるという意味で首肯できるものである。

このように、宮田は「経営の綜合的組織化」に、そして藻利は「生産の総合的同時化」にその基本原理を求めている。フォードシステムは、高能率・低コストで大量生産するための革新的生産システムである。その革新性の基軸となる原理がシステム原理なのである。それは、「何を、どのように作るか」というもの作りの基本命題における新たな次元を画するものでなければならない。ここでは、以上の展開過程の分析から、①標準化、②機械化、③システム化として、フォードシステムのシステム原理の革新性を検討する。製品の標準化を出発点とする生産諸要素の標準化、労働様式の革新と生産工程の機械化、そして生産諸要因の個別最適化を全体最適化に統合するシステム化である。宮田、藻利は「総合的」という用語で「システム化」を表現していると考えるならば、同様の意と解することができる。ドラッカーがこの「システム」の原理をフォードシステムの新たな原理として評価したことは先にのべた。そして、この三つのシステム原理こそ、アメリカ産業が構築した「組織された能力」（アバナシー、七六頁）の集大成、すなわち、生産システムの進化に革新をもたらしたものと考えることができるのである。

標準化の原理

はじめに、製品（product）の標準化である。標準化とは、同一製品を大量に生産するための諸要因の最適な組織化の原理であるといえるが、アメリカ産業革命における生産システムの進化は、生産諸要因の標準化の歴史であったといえる。イーライ・ホイットニーを出発点とする互換性部品方式は、銃火器、ミシン、時計などの組立加工型産業における「部品の標準化」を、そしてその互換性部品を製作するための「工具・機械の専門化」を促進した。テイラー（F. W. Taylor）は、これらを標準的作業条件とする「作業の標準化」を追求し、時間・動作研究の方法を開発した。標準化は、品質を安定させ、労務費を削減し、規模の利益を獲得する、言いかえれば、大量生産とコスト削減の基本条件であった。

しかしながら、五、〇〇〇点もの精密部品から構成される自動車、しかも技術的に発展途上にある自動車生産の場合、部品や工具・機械の標準化、また作業方法を標準化することは、余りに困難な課題であった。多様な部品や製品を熟練労働者が個別的に製作する万能作業型のもとでは、均一で、品質にムラのない同一製品の大量生産は不可能である。そこに、フォードが、大衆車として圧倒的な高品質機能を有するT型車を開発することによって標準として固定し、これに対応する互換性部品、工具・機械などの生産諸要素を標準化することによって、T型車に生産を集中した意義がある。「私は、一二年かけて、今日フォード・カーとして知られるモデルTに到達した」（Ford, a, p. 17）。「一度型が決定されたなら、その後その型に施すいかなる改良も、旧型と互換性を持ち、自動車が決して時代遅れにならないことである」(Ford, a, p. 57) とフォードがのべるように、A型車から始まるT型車開発へのプロセスは、まさに「真の製品」「ユニバーサル・カー」(Ford, a, p. 67) の探求に苦闘した製品の標準化に至る一二年であった。単一製品に標準化されるということは、それに必要とされる部品、工具・機械の多様性が削減されること、すなわち、生産諸要素の開発・製造のコストが削減されること、単一製品に生産を集中することによって、規模の利益を獲得できるということを意味した。製品の標準化によって、大量生産の必要条件が確立したのである。藻利は、この製品の標準化をゴットルに依拠して「単一製品の原則」と規定している(藻利、一二五頁)[21]。こうして、フォードは、一九〇九年、シャシーをT型一車種に標準化したのである。

第二に、製品の標準化に対応する生産工程(process)の標準化である。フォードはいう。「標準化という用語は、とかく問題のもとになりがちである。というのは、それはデザインと方法とをある程度固定化して、生産者が最も容易に生産できる商品を選択し、かつ最も高い利益で販売できるように生産することを意味するからである。(中略)私の理解する意味でその言葉を用いれば、標準化とは、単にある最も売れる製品を取り出して、それに全力を集中することではない。それは、毎日毎夜、おそらく何年にもわたって、初めは何か公衆に最も適した製品について、つぎにそれがいかに製造されるべきかについて計画化すること」(Ford, a, pp. 48-49) なのであると、標準化のプロセスについてのべている。こうして、標準化は、製品の標準化にはじまり、機械・工具、資材・部品、作業方法、生産工程、搬送方法の標準化、いわば製造工程全体の標準化に至るのである。アバナシーは、「コア・

コンセプト」、たとえば自動車でいえば蒸気か、電気か、ガソリンかということであるが、このコア・コンセプトが市場競争の中で序列が安定化し、製品デザインの標準化が達成されると、つぎに生産工程の標準化が開始されるとのべている（アバナシー、四五―四九頁）。

それでは、生産工程の標準化はどのように展開したのであろうか。まず、製品の標準化には、それを構成する部品の標準化＝規格化が求められる。互換性部品＝規格部品の生産は、アメリカンシステムの伝統であるが、フォードは、この互換性部品の精度の向上に努力した。部品の精度が製品の精度を決定するからである。精密な互換性部品の開発とその標準化によって、品質の安定とコスト削減の両立をはかるとともに、製品組立の分工場への水平的展開を可能としたのである。

また、この部品の精度を保証するのが工作機械の精度である。フォードは、機械・部品の絶対的精密性を確保するために、前述のヨハンソン・ゲージ・ブロックスを導入したのである。また、生産の高速化のために、この精密な工作機械の単能化＝標準化をはかった。精密な専用工作機械による単一部品の集中生産を行ったのである。すなわち、「一つの機械は一つの作業のみを行うのである。（中略）われわれの設備の約九〇％は標準品であり、単一目的機械への転換は容易である。（中略）標準的機械は、まず二五〇種に大分類され、そのおのおのは、さらにさまざまな形や種類によって細別され、最後にはそのリストは数千にものぼるようになる。（中略）一日八千台をこえる車の生産を継続している今日、わが社の生産限度が一日三千台であった時代よりも機械の破損から生じる損失は少なくなっている。その理由は標準化にある。（中略）同じことが工作機械の製造に使用される工具や備品についてもいえる。ギア、鍵、シャフト、把手、ペダル等々の機械を構成する各部品は、すべて標準化されており、非常に特殊な機械でさえ、これらの標準化された部品のいろいろな組み合わせによって製作されている」(フォード・b、一〇五―一〇六頁)と。

さらに、このような生産諸要素の標準化とともに、工程作業についても綿密な標準化がなされた。「こうした標準化の制度は、すべての分工場や製造工場において、設備だけでなく工場の作業方式にも適用されている。さまざまな分工場で使用されているコンベアと、その製作に用いられるチェーンは、すべて規格品である。仕入れ品もすべて標準寸法ではいってくる。また青写真は一定の標準形式により作製され、各種の情報は常にその紙面上の同一の位置に記載されているので、それをさがすために無駄な時間を費やす必要はない。『フォード工具標準書』という名の一連の冊子は、必要な資料をすべて網羅し、われわれのなしとげた標準的実施方法を、末端の詳細な点に至るまで、余すところなく明らかにしている。これらの冊子は、新入社員を訓練する際に、数千ドルも節約をしてきたが、その真の重要性ははかりしれないものがある。なぜなら、この一連の冊子は、全組織をつうじて仕事の企画を保持する際に、まず第一に頼りとされるからである」(フォード・b、一〇七頁)。このように、作業工程の分析と工程の細分化・単純化そして専門化、各工程作業の内容を確定するための時間研究・動作研究によって、はじめて生産技術の標準化に対応する最適な工程作業が確定できる。フォードは、「一九一三年頃になってはじめて、工場内の数千の作業すべてについて時間研究がなされた」(Ford, a. p. 125)としているが、それはハイランドパーク工場への自動搬送システムが本格的に導入されるプロセスであり、それに伴う時間・動作研究であった。[22] その成果の一つは、「真の成果は、作業者がいろいろ考える必要が無くなったこと、および動作を最小限にまで減少させたことである。すなわち、かれはほとんど唯一の作業を唯一の動作ですることになった」（Ford, a, p. 80）とフォードはのべる。しかしながら、ここで重要なことは、それは、単に作業者が「機械的」に労働するということではなく、単工程反復労働による単純化・空洞化された作業を労働者が強制されるということである。この点については後述する。いま一つの成果は、作業内容の確定によって各工程の要求する熟練度別分類が可能となり、雇用、賃金の合理的管理基準が明確化したことである。賃金についていえば、前述の熟練度別賃金表（注（9）別表1）によって、コストの削減とともに原価の標準化が容易になったのである。

以上のように、フォードは、製品の標準化に対応する徹底した作業の標準化を含む生産工程の標準化を実現した。標準化の利益について、フォードはつぎのようにのべる。「工作機械と設備についてのこの標準化の制度の利益は、莫大なものである。工作機械の問題は、単純な金物類の問題になってしまい、しかも金物類以上に費用がかかることはほとんどない。標準機械と特殊機械の製作においては、はかりしれない費用の節約が可能である。（中略）分工場や製造工場に設備をすえることは非常に簡単になり、緊急の事態がおきても、特別の努力なしにそれに対処することができる。さらに、機械と工具の保全・修理は、より単純化され容易になっている。したがって一年間に、これによってどれだけの節約がされるかは、推測しかできない」（フォード・b、一〇七―一〇八頁）と。

しかしながら、製品の標準化（単一製品）を頂点とする生産システム全体の標準化は、大いにコストを削減し、大量生産システムを実現したのであるが、他方、それは、生産システムを固定化させたこと、製品を単一化＝固定化し、機械設備を単能化＝固定化し、柔軟な労働能力を単純化＝固定化することによって、生産システムから柔軟性を奪ってしまった。フォードは、この点を率直に明らかにしている。一九二五年、T型車に「全金属製ボディ」への変更（ハウンシェル、三四五頁）を含む大小八一の変更を行ったが、「すべてこれは非常に簡単なように思えるが、わずか八一の変更をすることがどのような意味をもっているかを以下に示すことにする。われわれは四、七五九の孔抜具（パンチ）とダイス、四、二四三の治具と備品の設計をせねばならなかった。また五、六二二の孔抜具とダイス、六、九九〇の治具と備品をつくらねばならなかった。それに必要な労務費は五、六八二、三八七ドルにのぼり、原料費は一、三九五、五九六ドルであった。また分工場一三カ所にエナメル炉を新たに建設するのに三七一、〇〇〇ドルを費やし、二九の分工場の設備を変えるのに一四五、六五〇ドルかかった。要するにこれらの変更には、生産段階で失われた時間を計算に入れないでも、正味八〇〇万ドル以上の費用がかかったのである」（フォード・b、一〇九―一一〇頁）と。こうして、「柔軟な大量生産」（flexible mass production）を拒否したフォードは、一九二七年のT型車の生産停止と新型車への生産移行のために、工作機械や治具・取付具の再整備や調達に一、八〇〇万ドルを使用しなければならなかったのである（ハウンシェル、三六五頁）。そして、この生産システムの固定性こそ、一九二〇年代半ばにGMに逆転を許す最大の要因となったのである。

機械化の原理

つぎに、機械化の原理である。鋳・鍛造工程、機械加工工程、組立工程の展開から明らかなように、機械化はフォードシステムの主要なシステム原理であった。それは、大量生産と生産コストの削減というフォードシステムの目的を実現する科学の恩恵であった。「握りこぶしよりもハンマーのほうが強く打つことができる。人間の力はハンマーの把手のてこによる特別な力の利用によって、増幅が可能となる。そして、ハンマーの頭が損傷するとしても、人間の手には傷がつかないですむ。動力ハンマーは手動ハンマーよりさらに進んでいる。それは労働者の働きをいっそう効果的にする」（フォード・b、一七〇頁）とのべるように、フォードは、労働手段の本質を正しく理解していた。

そもそも、労働手段の発見と応用は、人類の生産活動の質と量の拡大をもたらした最大の要因である。それは、人間労働の様式を変化させ、また人々の生活様式を変化させてきた。道具は人間の手足の機能を延長するものとして、機械は手足の機能を新たな仕組みをもって手足に代置するものとして、その機能を自立的に発展させてきた。そして、人間は、その労働の機能の一部を機械に移転させつつも、機械を労働手段として、自らの意志の下に制御してきた。人間は、機械のおかげで過酷な労働から解放され、多くの時間をより高度な労働に振り向けることができるようになったのである。フォードのつぎの言葉は、この機械の積極的機能を正しく表現している。「機械の機能は、人間を肉体的な重圧から解放し、その精力を、思考とより高度な行動の分野での征服に必要な知力と精神力の形成へと振り向けることにある。機械は、人間による環境支配の象徴である」（フォード・b、二〇四頁）。

フォードは、「過酷な労働は労働のうちで最も非生産的なものである」（フォード・b、一八三頁）として、生産の質と量の拡大という機械技術の積極的側面、そしてコスト優位がある場合はいかなる労働をも機械化しようとした。「手作業は機械作業よりもすぐれているかのように、今までよくいわれてきた。しかし現在では、適当な機械を使用すれば千分の一インチまでの精度で、また必要ならさらにどんな精度ででも仕事ができるし、しかもいつでもそれが可能なのである。もし、機械や機械系列で作業していながら、手でしなければならないところが残っているとすれば、そのあやまちは管理にある」（フォード・b、一七〇頁）と、作業を機械によって代置することが、大量生産の主要因であることを確信し、機械化を徹底したのである。

フォードシステムの機械化の特徴は、前述のように、第一に、機械の単能化と精密化にある。単能化が加工の高速化を保証し、精密化が部品の互換性を約束した。そして第二に、搬送手段の機械化である。それは作業と作業、工程と工程とを直線的に結びつけ、生産の連続化を約束した。こうして、これらの機械化は、生産工程再編の技術的条件となり、生産工程全体を躍動する恐竜に変貌させたのである。大量生産とコストの削減が雇用の大量増加と賃金増加に結びつき、大衆の所得の増加がひいては国家経済の拡大をもたらした。

しかしながら、その機械化は、「単に人間の手の代わりに機械を用いるというものではなく、全作業を機械によって行ない、人間は機械の単なる付添人にするというものであり、この方式はその実現の可能性をあらかじめ確信しないことには生まれないのである。これこそ産業における、手作業概念に対立するものとしての機械作業概念である」（フォード・b、六七―六八頁）とフォードが率直にのべるように、機械の主人であった人間は、機械の「付添人」になるということを意味した。フォードシステムにおいては、機械は機械の所有者フォードの意志の下に運用され、賃金労働者は、単なる機械の使用者として生産工程に配置される。労働者は、もはや機械の主人ではなくなる。それゆえ、労働者は、自らの意志・意欲とはかかわりなく、生産計画に基づく機械作業を行わなければならない。ましてや、生産工程が機械の連鎖的工程として組織化されると、そこに働く労働者は、自らが機械の連鎖的工程の一部に組み込まれ、機械の運動の単なる付属物になる。しかも、その連鎖的工程が細分化され単能化されるにつれて、労働者の作業内容は無内容化された単一作業を反復することになる。もはや、機械工の熟練も、作業意欲も、加工の喜びも、すべて専用機械の内部に移転して、作業者は、機械の命ずるままに、単純労働の立ち作業をしなければならない。この労働様式の根本的変化は、フォードシステムがもたらした人間労働の新たな苦悩となったのである。

いうまでもなく、「利潤動機」でなく「賃金動機」にもとづいて大衆のために自動車を生産するフォードにとって、機械化のこのような状況を望んでいたわけではない。「誰でも、動力や機械、産業などの拡大について語るときには、冷たい金属的な世界を描くのであるが、それは、巨大な工場が樹木も草花も鳥たちや青々とした畑などがことごとく追い払われた世界である。そうであるならば、われわれは、そこに金属製の機械、人間機械から構成された世界を見るであろう。私はそうした世界にはどうしても賛成できない。（中略）動力や機械も、金銭や商品も、我々の生活を自由にさせるために存在する場合にのみ有用なのである」（Ford, a, p. 2）と、フォードが労働者の、大衆の利益を望んでいたことは間違いない。また、労働内容についても、「人間の代わりに機械に仕事をさせることから派生する一つの興味ある新事実は、それが機械や工具を修理し、また新しい機械を製作する熟練労働者の需要を増加させることである。多くの人々は、機械生産は生産者の技倆を無用のものにするであろうと考えた。しかしながらまったく逆の事態が現出したのである。われわれはいまや、かつてないほど多くの熟達した機械技師を必要としている」（フォード・b、一三四頁）と、機械化の進展が、過酷な単純労働よりも、機械製作および保守の熟練労働者を増加させると強調している。しかしながら、フォードが「モダン・タイムス」の世界を批判したとしても、フォードシステムの機械化は、実態として、大量生産とコスト削減を実現し、それを大衆に還元するという積極的側面とともに、そこに「労働の機械的化」（藻利、一四三頁）と「疎外化された労働」という消極的側面をシステム原理として内包していたことは疑う余地がないのである。

システム化の原理

最後に、システム化の原理である。システムとは、これを構成する諸手段の有機的な組み合わせによって特定の目的を達成するための手段体系である。言いかえれば、生産システムとは、技術や労働力などの生産過程を構成する諸要素を手段として、これらを有機的に組み合わせ、生産の量的・質的拡大という目的を実現するために統合された機能体系である。機械の発達や作業方法の改善はその要素であり、これらの要素機能が統合的視点から有機的に統合された機能体系が生産システムである。フォードシステムを、このような意味におけるシステムとしてその機能体系を考えた場合、これまでのべた展開過程の中に、生産機能方式すなわち生産原理の根本的な革新を認めることができる。

第一に、生産システムを、作業原理でなく工程原理にもとづいて再編成したことである。その内容については、展開過程で十分説明したところである。テイラーシステムは、後述するように、労働者の熟練の機能を時間・動作研究によって要素機能に分解し、その要素機能の最適化（最速化）をはかり、最適化された要素機能を標準として再結合し、この標準化された熟練の機能を、人的管理組織をつうじて労働者に強制する生産システムであった。これに対して、フォードシステムにおいては、労働者の作業工程が動作研究によって要素機能に細分化され、この細分化された要素機能の連鎖工程として、いわば作業機能が工程機能に置き換えられることによって、自立化した客観的・技術的な機能連鎖工程、しかも、機械機能の連鎖工程として再現される。その結果、熟練の機能は工程に吸収され、労働者は、自立化した工程での機械の「付添人」になる。労働における主客逆転である。作業者は、素材を集めに歩き回ることもなく、工具すら運ばれてくる。作業速度は、工程機能が決定し、労働者は、工程の進行速度に合わせた加工対象の脱着、すなわち細分化され時間的に規則化された単純作業（単一作業）を強制される。これが、フォードシステムにおける品種別ライン作業すなわち流れ作業である。その上、コンベアなどの機械的搬送手段の導入が、流れ作業におけるわずかに残された主観的な作業速度を排除し、搬送手段の速度に規制される作業速度の強制的進行性を必然化するのである。(23)

労働者は、作業の内容からのみでなく、作業の速度からも疎外されるのである。

こうして、機械的搬送手段を付与された工程機能は、その技術的論理性の下に、個々の生産工程、部門の生産工程を同期化し、遂には自動車生産の全工程をシステムとして同期化するのである。塩見は、この点を適切に表現している。「生産力構造にとって機械的搬送手段の意義は、二重である。それは、本来的には搬送手段であるが、またそれが加工対象に強制進行性を付与して個々の作業と作業を結びつける場合は、個々の作業を時間的に強制し、個々の作業の一系列全体を同期化する手段ともなる」（塩見、二二一頁）と。(24)

以上のように、フォードシステムにおける生産原理の革新は、作業原理から工程原理へのシステム原理の転換にあった。それは、標準化、機械化の原理に対して最大限の効率化を保証することによって、フォードシステムを最高の大量生産システムに飛躍させ、労働者には高賃金と雇用を、社会には低価格を実現して見せた。しかしながら、それはまた反面、労働者をシステムの一要素として組み込み、労働の質・量をシステム強制するという、「疎外された労働」と引き替えに構築された矛盾的システムであった。

第二に、生産工程の垂直的統合（川上から川下までの集中統合）および水平的統合（国内および海外への分散統合）である。宮田は、フォードシステムの本質は「全生産の連携」にあるとし、作業工程の機械および労働者が、製品の純粋技術的な生成の順序に従って配置され、コンベアという一本の紐によって連携（同期化）される。さらに生産諸部門が一つの紐で連携される。そして「最初は細流が集まって小河をなし、多数の小河が支流に注ぎ、遂に多数の支流は一本の本流に合流し、ここに自動車組立作業の流動作業が悠々と流れてゆく」（宮田、三九三頁）と、「全生産の連携（同期化）」が技術的必然性の下に展開するとのべている。さらに、宮田は、このような生産の「単流化」「連携化」は、統一された経営体系構築の「基礎条件」であって、経営全体の合理性は、「経営体系総合化の原理」に集約されるとしている（宮田、三九七頁）。その「経営体系」とは、自動車製造の経営はもちろんのこと、鉄鉱山、炭坑、木材、製鋼、ガラス、発電などの「全階的産業」経営、鋳型、機械、器具などを製作する「準備的産業」経営、セメント、製紙などの「廃物利用のための副業」経営、鉄道、船舶などの「補助的産業」、資材購入、販売などの経営のことである（宮田、三九九―四〇一頁）。そして「かかる経営体系は、外形的に見れば、経営の『垂直的結合』と解釈することができるが、内容的に見ればフォード産業体に包括されるいっさいの完全経営がさらに一つの紐で連携化されてゐると見ることができる。しかもかかる有機的な関係において一切の経営が垂直的に結合される場合には、経営体系の完成は実質上益々進化して行き、出来上がった綜合的な産業体はいよいよ内部的な生活力を増加する」（宮田、四〇一―四〇二頁）と、フォードシステムは、その垂直的・水平的統合を技術的必然としていると論じている。中西も、同様に、「フォードに於ける経営の合理化は単に経営の内部に於ける作業の単流化、機械化に極限せられるのではない。経営内部の合理化は更に夫々の経営を合目的に結合する事に依って、必然に一の統一的なる産業体の最高構成に迄到達する。それは各経営の生産の範囲、速度、並に形式を調和せしめる事であり、外部的には経営の『垂直的結合』となって現れる」（中西、一四六頁）と、生産システムの垂直的統合の必然性を論じている。

フォードシステムは、大量生産と低コストを実現するために、新たな生産原理の下に、技術機能および労働機能を体系化したアルゴリズムである。したがって、論理的にも技術的にも、システムを構成する諸要因の最適化を求めることはいうまでもない。またそれは、フォードの経済理念であった農・工・輸の統合を実現するという目標と整合するものでなければならない。フォードシステムの垂直的・水平的統合は、これら二つの経営原理の統合である。技術・労働システムとしてのフォードシステムを、資源開発から生産、そして流通過程に至るまで適用し、生産システムの垂直的・水平的拡大をアルゴリズムとして統合することは、フォードシステムの論理的・技術的必然であったのである。

第三に、コンベア式流れ作業方式の技術的必然としての単工程反復労働への労働システム原理の革新である。フォードは、単工程反復労働についてつぎのように書いている。「反復的労働―一つの仕事を常に同一の方法で繰り返し行うこと―は、ある種の心の持ち主には誠に恐ろしい感情を起こさせるものである。それは私にも恐ろしく思える。確かに私には朝から晩まで同じ仕事をすることはできないであろう。（中略）しかし、おそらく大多数の人々には反復的作業が恐ろしいとは感じられないのである」（Ford, a, p. 103）と、反復労働を嫌悪するタイプと、むしろ頭脳や体力を使うことを嫌うタイプの二種類の人間がいるとのべ、「個々の労働者の仕事が反復的なものになるのはやむをえない―そうでなければ、低価格と高賃金を生み出し、しかも無理のない作業速度を得ることは不可能である。われわれの作業のうちには（中略）極端に単調なものもある。だがしかし、多くの人々の心もまったく単調である。大多数の人々は頭を使わないで生計を立てることを望んでいるのであって、これらの人たちにとって頭脳の働きを必要としない仕事は恩恵なのである。われわれには頭脳を必要とする仕事がたくさんある。われわれは常に頭脳を求めている。そして頭脳ある人々は、このような反復作業に長くとどまったりはしない。（中略）われわれの諸工場での長年にわたる経験では、反復作業が労働者に害を与えるという事実は見いだされていない。実際それは、反復的でない仕事よりも、肉体的にも、精神的にも、健康によいように思える」（フォード・b、一九五―一九六頁）。それゆえ、反復的労働をする人たちに対して無用の同情をする必要はない（Ford, a, p. 103）と、単工程反復労働の必然性を擁護している。

しかしながら、日給五ドル制以前の異常な離職率の高さは何を意味するのであろうか。フォードシステムのシステム要因として「個々の労働者の仕事が反復的なものになるのはやむをえない」のであり、またその単工程反復労働に必要とされる熟練度は、前述のように、四三％が一日以内、三六％が一週間以内で習得できるのであり、習得に一年以上かかる熟練労働者はわずか一％にすぎない。八、〇〇〇に近い作業数の大半が単工程反復労働から構成されるわけで、その労働は、フォードが「私にも恐ろしく思える」と感ずるほどの、単調で、無内容な単一労働の繰り返しであった。それは、工場労働習慣さえない移民労働者には、おそらく精神的にも肉体的にも忍耐と疲労とあきらめを伴うきわめて過酷な労働であったに違いない。バチェラーは、日給五ドル制導入後の組立ラインで働く労働者の妻のフォードへの手紙を紹介している。「あんたがもっているチェーン・システムは奴隷監督だ！

忌ま忌ましい！　フォードさんよォ。亭主は帰宅すると横になって夕食を食べようともしないんだ。そうなっちまったんだ！　直る見込みでもあるのかい。（中略）あの日給五ドルの計画は祝福もんさ。あんたにわかっている以上に大きい祝福さ。だけど、ああ、労働者がそれをどうやって稼いでいると思ってんのかよォ」（バチェラー、八三頁）。

「モダン・タイムス」の世界は、必ずしも誇張ではなかった。単工程反復労働は、まさに「必要悪」として、高賃金は単工程反復労働の忍耐料として、これらはセットとしてシステム化されたのである。反復労働に耐えられる労働者は少なからずいたであろうが、反復労働を好む労働者が多くなかったことだけは確かである。それにもかかわらず、フォードが、こうした労働を「肉体的にも、精神的にも、健康によい」などと弁解するのは、およそフォードシステムの目的をみずから放棄するものと解することさえできるのである。

五　熟練・分業の機能とフォードシステム

(一)　熟練の機能と分業の機能

生産活動は、人々の個人的・社会的な価値獲得欲求に対して、これを充足するための個別的あるいは共同的な人間労働によって行われる。しかも、人間は、この労働の過程において製作される製品の質的・量的高度化を求めて、自らの労働能力の高度化すなわち熟練の機能を高めるとともに、労働手段（技術）を開発して自らの労働能力を延長し、さらに、共同の労働過程（分業・協業）を組織化することによって、労働の機能の質的・量的拡大をはかってきた。いわば、熟練の機能および分業の機能という二つの労働の基本機能をつうじて、人間は、生産活動の目的であるより豊かな生活を実現してきたのである。それでは、フォードシステムは、この二つの労働の基本機能をどのように組織化したのであろうか。フォードシステムの中に熟練の機能および分業の機能をどのように組み込み、生産システムの革新を実現したのであろうか。そこで、まず、熟練の機能および分業の機能について、その概念を整理しておこう。

熟練の機能

坂本（二〇〇二年）によれば、熟練の機能は、作業的熟練の機能と管理的熟練の機能とから構成される。作業的熟練の機能とは、作業の質と量とにおける質的労働機能の促進、すなわち、よりすぐれた品質の製品を構想し、これを精密に製作し、出来映えを検証することを機能とする品質向上の機能、および、習熟・反復による量的労働機能の促進、すなわち、製品をより高速に製作することを機能とする生産性向上の機能のことである。また、管理的熟練の機能とは、製品の製作過程を計画し、監督し、統制する、労働過程の管理の機能である。そして、作業が個人的に行われる場合には、管理的熟練の機能は、作業者個人が自らの作業過程を管理するわけで、それは主観的な労働の過程に内包される。管理的熟練の機能は、労働過程が共同的になってはじめてその客観性を現すのである。

熟練の機能は、具体的な労働過程の中で展開する。労働過程が主として労働者の労働力によって担われる場合には、それが個人的に行われようと共同的に行われようと、その労働過程の質的・量的水準が基本的に労働者の熟練の機能に依存することはいうまでもない。しかしながら、その労働が個人的であるか共同的であるかということは、熟練の機能の展開の仕方、したがってその成果に大きな相違が生じる。共同的労働（分業に基づく協業）とは、労働の分割（the division of labor）、すなわち、労働者が主体的に担う労働過程＝作業工程を分割し、各工程に労働力と労働手段の集中的運用をはかることによって、共同で作業工程全体を完結することであるが、共同的労働は、作業者各人がそれぞれ作業工程全体を遂行した場合の熟練の機能の総計を超える独自の機能、すなわち、分業の機能（分業・協業の機能）を発揮する。

分業の機能

それゆえ、労働力と労働手段との組み合わせの様式、すなわち、分割された作業工程をどのように組織化（統合）するかということ、そしてその分業組織からいかに最大の機能を引き出すかということ、いわば分業の労働過程をいかに管理するかということが、もの作りの機能の水準を決定する。このように、生産システムとは、こうした意味での作業と管理の分業組織（分化と統合のシステム）なのである。

周知のように、この分業の機能を論じた嚆矢はA・スミスである。スミスは、生産力は第一義的に質的・量的な熟練の機能に依存するとした上で、労働過程に分業の原理を導入すると、この生産力を飛躍的に拡大できること、これをピン製造という逐次加工型マニュファクチュアを事例に実証した。この例によれば、一〇人の労働者が一八に分割された作業工程の分業をすることによって、各人がそれぞれ全作業を担当する場合の二四〇倍から、場合によっては四、八〇〇倍もの生産性の向上が可能であるとしたのである（スミス、一〇〇—一〇二頁）。その根拠として、スミスは、分業の機能について分析し、これをつぎの三点に集約した。①部分作業に集中することによる個々の職人の技巧の改善、②作業者が仕事から仕事へ移る場合に失われる移動時間の節約、③労働を促進・短縮し、一人で多数の仕事を可能とする機械類の発明である（スミス、一〇五頁）。

また、C・バベジは、このスミスの分業論を詳細に分析し、分業の機能をつぎのようにまとめた。(i)単一作業への集中による学習時間の節約、(ii)仕事の転換時の時間的ロスの節約（時間的ロスとは、新たな仕事をするための準備時間ロスおよび工具交換・調整時間ロスのこと）、(iii)同一工程の反復作業による技量の増進、(iv)分業によって工具や機械の改良・工夫が生まれる。これらの点についてはスミスと大きな相違はない。しかしながら、(iii)については、分業の限界性について論及している。すなわち、「繰り返し同じ仕事をすることによって、いつ、いかなるときにも利益が得られるかというと、そうではないのである。この点は見ぬかなければならない。というのは、初めのうちは分業はうまくいくが、月日がたつうちに、分業していない労働者の技量も向上し、三〜四年もたつと、分業の人との技量に大差なくなるからである」（バベジ、一四頁）と。また、(iv)についても、ピン自動製造機

(pin-making machine) について紹介し、作業内容によっては、機械による製造が必ずしも生産性が高いということではないと指摘している[25]。この点は、機械の導入に当たって留意するべきことである。そして、バベジの指摘でさらに重要な点は、(v)「バベジ原理」といわれる新たな角度からの経済性原理を分業の機能論に導入したことである。すなわち、「いろいろ程度の違う技量と労力を必要とする工程に仕事を分割すれば、工場主は、工程ごとに必要とされる技量と労力に最もふさわしい労働者を雇うことができる。これに反し、一人の労働者が全部の仕事をやる場合には、その仕事の最もむずかしい面をこなせるだけの技能と、最も労力のかかる面をやり遂げるだけの体力の両方を持っていなければならない」(バベジ、一六頁)という点である。いわば、労働能力に応じて適材適所に労働者を配置すれば、最高の生産性と経済性とを両立させる機能が分業の機能にあるというのである。

ところで、スミス、バベジの議論を見ると、共同的労働のうち、主として分業の側面から、しかも、部分労働の反復による熟練の機能の促進について、その特質を分析している。これに対して、K・マルクスは、分業と協業の両側面から分業の機能について議論している。その論点を集約すると、(1)部分作業に集中することで熟練が増進する。技能修得の時間も短縮する。さらに、熟練が職場に堆積し他の作業者に移転される(労働機能の共同的促進による熟練の機能の作業者から作業者への移転)。(2)人・物の移動時間が節約できる。移動を媒介する労働も節約する(作業転換の減少による人・物の移動時間の節約、搬送作業の削減)。(3)作業者の競争心を刺激する(協業による作業者の内的機能の刺激)。(4)作業の効率化のための機械類の発明・工夫を促進する(労働者の創造能力の促進)。(5)異種作業の並行的進行または段階的作業が時間的継起から空間的併存を可能とし、作業の連続性・多面性を促進するとともに時間的・空間的節約ができる（以上、マルクス、第一一章、第一二章）。こうして、分業は、「各個人にたいし自分の機能に必要な時間だけを費やすように強制するのであり、そのため、独立の手工業の場合とは、または単純な協業の場合とさえも、まったく異なる労働の連続性、画一性、規則性、秩序、とりわけ労働の強度までもが、生み出される」（マルクス、六〇一頁）と分業の独自の機能の意義について指摘している。

しかしながら、マルクスの場合も、分業の持つ制約的側面を指摘している。それは、一つは「同一種類の労働が連続することにより、活動の転換そのもののなかに回復と刺激とを見いだす活力の弾力とはずみが破壊される」（マルクス、五九三頁）という、反復労働に固定化されることから生ずる労働意欲の減退であり、いま一つは「分立化させられた諸機能のあいだの連関を確立し維持するには、製品を一つの手から別の手に、また一つの過程から別の過程に絶えず運ぶ必要が生じる。このことは、大工業の立場からすれば、特徴的な、費用のかかる、マニュファクチュアの原理に内在する、限界性として現れる」（マルクス、五九九頁）という、作業の分割そのものが新たな搬送問題を発生させるということである。

以上のように、熟練の機能は、分業の発達とともに、分解され、機械に移転され、分業の機能に吸収される。しかも、労働過程が機械を中心に組織化される段階、すなわち、「純粋に主観的」（マルクス、六六七頁）なマニュファクチュアではなく、「一つのまったく客観的な生産有機体」（マルクス、六六七頁）として、機械設備に規定され、「社会化された、または共同的な労働によってのみ機能する」（マルクス、六六八頁）大工業の労働過程においては、労働者は、作業的熟練の客観化と標準化、および機械への移転によって、次第にその主体的機能を喪失し、「機械の付添人」に転化する。熟練の機能は、製品の構想、いまだ機械化され得ない熟練に特化する。「純粋に主観的」であった管理的熟練についても、次第に客観化され、標準化されて、システム化されるのである。

⑵　テイラーシステムと熟練の機能の科学化

テイラーシステムは、蒸気機関技術体系の最後の段階において、熟練の機能の「科学化」をつうじて、労働過程の管理技法を体系化した嚆矢である。それは、産業資本主義段階から独占資本主義段階への移行過程という時代的環境にあって、一方では企業側のコスト削減要求があり、他方では熟練労働者が労働過程を支配するという対立的労使関係の中で、作業的熟練の機能の客観化による作業方法の標準化と、管理的熟練の機能のシステム化をつうじた管理的熟練の移転とによって、管理者側が労働過程の組織者として、計画・実行・統制の管理サイクルを意識的に運営することを目的とするものであった[26]。

テイラーが対象にした労働過程とは、技術的に見れば、いまだ蒸気機関からの動力によって駆動する個別機械類を手段として労働者が働く機種別に組織された工作機械作業職場であり、熟練の機能によって組織化された共同労働の現場であった。生産の成果は、労働者の作業的熟練と管理的熟練とに任せられ、管理者は、労働者の「精進」に期待するという、いわば「マニュファクチュアの惰性」（中村、一一三頁）ともいうべき労働過程であった。テイラーは、労働者が自動機械の連鎖工程に携わるような労働過程を対象にしたのではなかった。したがって、宮田がのべるように、「げにテーラーシステムは技術の進歩の経過において、機械によって排除されずして残る残余労働を合理化せんことを対象とするものである」（宮田、三七一頁）という理解は、必ずしも正しいとはいえないのである。

テイラーによる生産現場の理解はつぎのようなものである。(a)生産過程の主体は労働者であり、かれらの熟練の機能が作業の質・量を決定している。(b)熟練労働者は、作業的熟練と管理的熟練とを持っており、それによって労働過程の統制を行っている。(c)労働者は、生産制限（怠業）を日常的に行っており、真の生産能力は不明である。このような生産現場の状況から、テイラーは、つぎのような生産現場改革の問題意識を持つに至った。①生産方法には最適な方法、すなわち労働者が行っている主観的な「目分量方式」でなく、熟練の機能には科学があるはずである。その科学を発見し、これにもとづいて作業が行われれば、最高の生産能率したがってコスト削減が得られる。②熟練の科学の解明のためには、作業的熟練の機能の具体的な分析によって、その機能を客観化しなければならない。またその客観化のための分析方法を開発しなければならない。③この科学に基づいた作業を管理するためには、まず、労働者の持っている管理的熟練の機能を客観化し、その上で、作業管理のための客観的な仕組み作りを行わなければならない。しかし、生産制限を行っている労働者には、この仕組み作りは期待できず、管理者側の責任で行わなければならない。④この科学は恣意的なものであってはならず、科学に対しては労働者側も経営者側もこれを認め、労使共同でこの科学を発展させなければならない（「精神革命」）。

こうして、テイラーは、課業管理として知られる作業管理システムを構築するのであるが、その論理的展開はつぎのようなものであった。第一が作業の科学化（作業的熟練の科学化）である。テイラーは、まず、「機械の行う仕事」の最速時間とこれを操作する「人の行う仕事」の最速時間とを合計すれば作業の最高能率が決まると考える。つぎに、「要素別時間研究」によって、例えば旋盤の切削作業についてみれば、切削工具、刃先角、切り込みの深さ、送りの速度、冷却方法、被削材、等々、最適（最速）な切削速度を実現するための技術的研究によって、旋盤の最速時間を決定し（「機械の行う仕事」）、この切削速度に合わせた作業方法（「人の行う仕事」）の最速時間を決定する。こうして、「機械の行う仕事」「人の行う仕事」の内容を「要素別時間研究」によって数量化することにより、それまで熟練職人が「職の秘密」として内部化していた作業的熟練の機能を客観化できるということ、いわば生産制限の武器としての作業的熟練を、客観化された熟練として「科学的」に再統合したのである。その結果、熟練労働者は、自らの「目分量方式」でなく、「科学的」根拠の下に、その科学化された作業速度に従うことを余儀なくされるのである。

第二が、作業管理の科学化である。テイラーが作成した作業の科学は、作業の速度およびその速度を維持するための作業方法を客観化したものであるが、科学化された作業を遂行するのは機械でなく労働者である。熟練の機能を媒介に自らの方法と速度で作業をしてきた労働者が、科学とはいえ自らの方法を変更するについては大きな抵抗感があるわけであり、しかも管理者側の手で作成された最速労働に従うということは、自らの労働過程統制権を失うことになる。いわば、「仕事をする」から「仕事をさせられる」に根本的に変化するわけである。テイラーは、このような意識を持つ労働者に対し、二つの方向から、むしろ労働者が「科学」の遂行に意欲的に取り組むような作業管理方式を考えた。

その一つが、標準化された作業条件の下での科学的作業方法・時間に基づく一日の作業量を決定し、これを標準作業量とする。そして、この標準作業量を「課業」として、課業を達成した場合には大いなる割増賃金を支払うというものである（差別出来高払制）。いわば「経済人」としての労働者から、その内的機能（労働意欲）を引き出そうとするものである。

いま一つは、労働者の内部に主観的に蓄積されている管理的熟練の客観化＝科学化である。テイラーは、作業的熟練の科学化における作業の要素作業への分割・最適化・再統合の方法論を、管理的熟練に対しても適用した。まず、熟練労働者である万能職長の労働内容を分析して、労働者としてその内部に蓄積された作業的熟練の機能と、労働過程を統制する管理的熟練の機能とを分離し、職長を管理者として、管理の仕事を専門に担当する職能とした。つぎに、管理的熟練の機能の内容を、計画的熟練の機能と執行的熟練の機能とに機能別に八種類に分割し、それぞれ一つの機能を担当する「職能別職長」を設け、彼らによる組織的管理として再編成した。すなわち、計画的熟練の機能を「計画室」で担当する四種の職長と、現場で作業の遂行を直接指揮・監督する四種の執行的職長とによる「職能別職長制」として、いわば、管理的熟練の機能を管理組織の機能として再統合したのである。

こうして、作成された課業を確実に遂行するための作業管理システムが構築された（課業管理）。計画室にいる職能別職長（指図票係）を中心に、労働者各人の毎日の課業が作成され、その内容（作業の内容、作業方法・時間、差別的賃率）が「指図票」に記載され、毎朝労働者がこの指図票と作業時間を示す「タイムカード」（課業の達成状況を担当職長が記入）を指示された現場に持って行き、現場の職能別職長の指導・監督の下に指図票の指示に従って作業を行う。タイムカードは計画室に回収され、賃金計算が行われる。すなわち、課業の作成と課業の遂行が差別出来高払制と職能別職長制という管理制度によってシステム化（科学化）されたのである。しかしながら、生産の成果は、課業の大きさと労働者の作業的熟練の水準、そして労働者の労働意欲によって決まるわけであり、課業は、「一流労働者・最速時間」を基準に作成されたことはいうまでもない。こうして、労働者の労働過程統制力は、作業の科学化と作業管理の科学化とをつうじて、労働者から管理者側に移転することになったのである。

以上のように、テイラーシステムは、当時の技術的条件の下で、生産性向上という生産目的を達成するために、分業の機能でなく、熟練の機能を対象に、熟練の機能の科学化をつうじて、作業管理をシステム化した管理技法であり、それをもって科学的管理法と呼ばれるのである。

(3) フォードシステムと分業の機能の科学化

それでは、フォードシステムは、この二つの労働の基本機能をどのように組織化したのであろうか。

フォードシステムの中に熟練の機能および分業の機能をどのように組み込み、生産システムの革新を実現したのであろうか。前述のマルクスの分析を念頭において、フォードシステムの熟練・分業の機能の展開を見てみよう。まず、フォードが熟練の機能を軽視していたかというとそうではない。熟練の機能の重要性を十分承知していたことはいうまでもない。鋳造工程に始まる生産工程には、多くの熟練が必要だったからである。大量生産をめざすためには、それゆえ多くの熟練労働者を大量に雇用しなければならない。しかしながら、熟練労働者を大量に雇用することは量的にも、また低価格車生産という目的からも問題があり、その上、個人の生産能力には限界がある。そこで、フォードは、ハイランドパーク工場での大量生産システム構築のために、前述のようなつぎの方法を採り入れたのである。すなわち、①熟練労働者による分業・協業の限界から脱皮するために、機械化できる作業は可能な限り機械化することによって、作業的熟練の機能を機械に移転し排除する。そして、機械を単一目的の専用機械とし、生産工程を専用機械の協業工程とする。②作業工程を単一作業にまで分割して作業内容を単純化し、作業的熟練の機能を工程に移転して工程分業とし、直接的労働過程から作業的熟練の機能を排除する。その結果、労働者は、専用機械の付添人として、あるいは組立作業において、工程分業の単一作業あるいは標準化された単純作業を行う。③機械の分業工程をコンベア等の機械的搬送手段によって結合することにより、機械の連鎖工程を構築し、作業者・仕掛品の移動および搬送の作業を時間的・空間的に節約する。分業による新たな搬送の発生というマルクスの指摘は解消される。④マルクスのいう単工程反復労働による労働者の労働意欲の減退については、最低五ドルの高賃金そして九時間から八時間への労働時間の短縮を全作業者に保証することによって防ぐ。それは、また、与えられた単一労働を確実に行う責任料でもある。

こうして、フォードシステムにおいては、マルクスの(1)(2)(3)(4)の特質、すなわち、分業の機能が本来有している熟練の機能の促進機能が機械に置き換えられ、機械の機能を促進する工程分業として、いわば機械の機能体系として再編成され、主観的な生産過程が客観的な工程機能の体系として「科学化」された。そして、ここにテイラーシステムとの根本的な相違が認められるのである。すなわち、テイラーシステムにおいては、作業的熟練の要素作業への分解と要素作業の最適化、その再結合による作業的熟練の機能の再統合＝作業の科学化と、管理的熟練の職能別職長制への移転による労働者からの分離とが行われたのであるが、客観化されたとはいえ作業的熟練を遂行するのは熟練労働者であった。テイラーシステムにおける作業的熟練の要素作業への分割と最適化は、フォードシステムのような作業の単純化を目的とするものでなく、その再統合とは、科学的な熟練労働の作成であったのである。それゆえ、課業という作業目標を熟練労働者に提示し、その遂行のために労働者個人の労働意欲を喚起する差別出来高払制を導入することによって、計画された生産力を維持せざるを得なかった。換言すれば、労働過程における熟練労働者の主観性は排除されたが、なお作業的熟練の機能に依存する生産システムの構築を追求せざるを得なかったのであり、テイラーは、労働者のさらなる労働意欲に期待する「精神革命」論を展開することになったのである。

これに対しフォードシステムは、機械とコンベアによる工程分業の中で、熟練の機能でなく機械の機能を細分化（単一機能化・高速化）・高度化（精密化）することによって機械の機能の分業体制を構築し、作業者は、機械の付添人として機械の機能に合わせた作業方法・速度での単工程反復作業を行うという、個人の主観的な努力に依存するシステムでなく、工程機能の客観的・強制的な展開に依存する生産システムであった。そして、テイラーシステムにおいて職能別職長制に移転した管理的熟練の機能が、フォードシステムにおいては工程機能に移転することによって、作業的熟練の機能と管理的熟練の機能とが工程機能として、工程が作業を管理する、作業と管理の「同時化」を実現したのである。工程が作業者を管理するのであるから、管理組織は不要なのである。フォードによれば、「フォード工場とフォード会社には組織といったものはなく、特定の地位に特定の義務が付随することもない。役割の継承ラインや権限の規定などもなく、わずかな肩書きがあるだけである。会議などは全くやらない。我々は、絶対になくてはならない事務員を抱えているだけで、詳細な記録など全くとらず、したがって、面倒な手続きがない」（Ford, a, p. 92）と、管理組織を不要化するシステムを自慢している。また、フォードシステムは、労働者個人の熟練の機能および個人的努力に依拠するシステムでないがゆえに、作業者の努力を個別的に刺激する必要がない。したがって、テイラーシステムのような出来高賃金でなく、時間賃金を採用し、しかも高額の最低賃金を保証することによって労働意欲の一般的な増進をはかったのである。さらに、マルクスの(3)(4)の実践として、フォードは現場労働者の工夫・改善提案を奨励したことは労働力の有効利用として前述したが、安定した賃金を前提に、労働者の中にフォードシステムの進展に協力する労働者が多くいたことは、労働者の創造能力を促進するという分業の機能の働きであったと考えられる。なお付け加えれば、バベジ原理については、詳細な時間研究を前提に、身体障害者雇用に見られるような適材適所を徹底したことは前述の通りである。

こうして、フォードシステムは、分業の機能の最大の特質である分業の機能のシステム化を実現した。それは、マルクスの(5)の特質、すなわち、異種作業や段階的作業の並行的・空間的併存、いわば、専用機械と機械的搬送手段とを媒介として、生産過程の連続性・多面性・同時性をシステムとして展開したのである。しかも、協業・分業の垂直的・水平的システム化、すなわち、一方で資源から販売に至る垂直的拡大、他方で一工場から国内・海外への水平的拡大、このような生産過程・流通過程の循環過程を世界レベルでシステム化することによって、低価格・大量生産体制という巨大な生産力を実現したのである。ここに、テイラーシステムとは質的に異なる生産システム段階を構築したフォードシステムの分業の機能の科学化の最大の意義があるといえよう[27]。

六　フォードシステムの歴史的意義

フォードシステム形成の時代は、金融資本主義の腐朽に対する国民的批判が強まり、また、資本主義列強の相克が第一次世界大戦に帰結し、さらにロシア革命に現れる労働者政権の成立が世界の労働運動に強いインパクトを及ぼすという世界的な激動の時代であった。テイラー・グループのH・L・ガントは、こうした混沌とした経済社会を批判し、企業経営は、社会への奉仕を目的とする真の民主的な企業社会をつくるための「分かれ道」（the parting of the ways）に直面していると力説している（Gantt, 1919）。このような時代的背景の中で、フォードは、大衆の生活水準の向上、社会への利益の還元を目的として、T型自動車の低価格・大量生産のシステムを構築した。それは、ルイス・マンフォードが指摘するように、「未熟な標準化」に基づく「フォードのモデルT型でなされた誤謬」（マンフォード、一二二―一二三頁）という限定つきであるとしても、もの作りの三つの基本命題に明確な回答を与えるものとなった。しかも、結果としてフォード社に莫大な利益をもたらしたのである。フォードシステムが示した大衆のための大量生産システムが、アメリカ社会、いや、世界中の産業界から喝采をもって迎えられたことは、生産システムの新たな段階として大いに評価されるべきであろう。それは、R・レイシーがのべるように、「一九一七年のロシア革命は二〇世紀の歴史において新たな活動勢力を生み出したが、その三年前にヘンリー・フォードは労働者大衆が大企業の敵になるとは限らないことをハイランドパークで証明したのである」（レイシー、二三八頁）。すなわち、社会主義か産業民主主義かの「分かれ道」に対して、フォードは、資本主義経済体制の中でも、生産過程を社会目的に設定することによって、労働者・農民の豊かな生活と福祉を実現できるということを実証しようとしたのである(28)。

制約なき大量生産

しかしながら、フォードシステムは、その後のもの作りの歴史に二つの課題を残した。第一は、大量生産そのものがもたらした課題、物質的な豊かさが人々の精神構造や社会的人間関係に及ぼしたインパクトである。すなわち、フォードは大量生産システムに制約装置を組み込まなかった。製品を作り続けることが人間社会の幸福につながると考えていた。しかしながら、この制約なき大量生産は、過剰な製品で社会を満たし、持てるものと持たざるものとの格差社会を助長し、果てには資源の枯渇をもたらす元凶となった。もちろん、大量生産の諸結果の責任を、フォードシステムにのみ負わせることは公平ではないであろう。あくなき自由競争という資本主義経済システム、そして社会秩序の側の責任を問わなければなるまい。しかしながら、この制約なき大量生産は、人間社会の精神的諸関係を物質に還元するという、社会的精神構造を根本から変えることによって、人間社会の諸関係を分断し、本来主観的で密接であるべき人間関係が客観的で空疎な関係になるという社会的変化をもたらしたことは確かである。その意味では、レイシーがのべるように、「近代社会を自動車と大量生産の奴隷にする上で果たした役割ゆえに、その毀誉褒貶《きよほうへん》はこもごもだが、近代大衆社会にもう一つの功罪半ばするもの、物質の氾濫をもたらしたという点でも、ヘンリー・フォードは歴史の審判に耐えなければならないのである」(レイシー、二三九頁)。

労働システムの転換

第二の課題は、フォードシステムの標準化、機械化、システム化というシステム原理に基づく大量生産システムがもたらした労働システムへのインパクトである。この従来の労働のあり方とは異質の労働システムへの転換は、「モダン・タイムス」や「自由を我等に」などの映画で描かれるような、強制された、無内容化した労働様式を余儀なくしたが、それは、自由で主体的な「労働の人間化」を望むフォードの労働観とはまさに異質の必然性であった。しかしながら、その必然は、疑いもなくイーライ・ホイットニー以来のアメリカン・システムの延長線上にある必然であって、その意味では、テイラーシステムとともに、フォードシステムは、その必然性の諸結果についての歴史的審判を免れることはできないのである。

人類は大量生産システムによって豊かになったかという命題は、いまだ解決されない人類的課題である。物質的な豊かさと疎外化された労働というフォードシステムがもたらした帰結は、それゆえ、その後の人類の呪縛として引き継がれているのである。

(1) 流れ作業の特質は、「すべての作業場所が、一定の給付に対して、作業品が順次規則的な時間のあい間をおいて場所を移動し、かくして最後には製品が均等の時間で生産される如くに調子が合わされることに存する。流れの強制的・秩序的・連続的性質が流れ作業の本質的特徴をなすのである」(古林、一九三〇年、三〇一頁。一九八一年、九六頁)。

(2) 中西は、テイラーシステムとフォードシステムとを比較し、それらの産業への導入の経済的前提条件という視角から、なぜ戦前のドイツにはフォードシステムが普及しなかったかについてのべている。それは、①ヨーロッパは労働力が比較的低廉であったこと(四・二対一)、②ドイツ産業にとってシステム導入の資金という点で、フォードシステムがあまりに高価であったこと、③大衆の貧困化と海外市場の狭隘化とによって、大量生産の経済的基礎を有しなかったこと、④アメリカに比べドイツでは、原料生産から製品販売にいたる垂直的大コンツェルンの形成が困難であったこと（中西、一五〇頁）であるが、これらの点では、戦前のわが国産業界の場合も同様のことがいえるであろう。

（3） 同時に、藻利は、フォードシステムのシステム原理の一つである「標準化」が実は生産システムの「固定化」を伴う弱点を有していることを指摘している（藻利、一八二―一八三頁）。

（4） 「大量生産は人々を豊かにしたか」を問うならば、フォードシステムが「労働を豊かにしたか」という命題は避けて通れない。ブレイヴァマン（一九七四）を発端とする労働過程論争、フォードシステムのオルターナティブスを探求するポスト・フォーディズム論争など、フォードシステムのシステム原理そのものへの批判としてのこれらの議論もまとめる必要があるが、本書が「システム原理の形成」に力点をおく関係で割愛した。

（5） フォードは、「農場における仕事の中で最もつらい仕事は土地を耕すことであった。また、我々の地方の道路はきわめて悪く、外に出かける習慣などなかった。それゆえ、自動車が農場に及ぼした最も顕著な現象は、農民の生活の幅を拡げたことである」（Ford, a, p. 25）とのべているが、当時、農業の全産業に占める比重は大きかった。下川浩一は、T型車の農村へのインパクトについて、つぎのように評価している。それまで小麦やトウモロコシ、綿花など貯蔵可能な農産物だけであったものが、野菜や果物などの生鮮食料品を都市へ出荷することが可能になり、「T型車による農村の輸送革命は、農産物の商品化と都市の生活様式との接触を強めて、農村経済や農村の生活様式にも大きな変革をもたらした」ように、それは「農村生活近代化のシンボル」になったのである（下川、五三頁）。

（6） チャンドラーは、T型車の価格競争力、非価格競争力に関するアメリカ租税控訴局報告書を引用している。「T型フォードは、実用車であった。それはたしかにすぐれた乗用車であった。一九一三年にはすでに好評を博し、完全に揺るぎない地歩を確立していた。それはあらゆる階層の人に使用されていた。市場において最廉価の乗用車で、他の乗用車と比べて価格の割には大きな価値があった。価格が低廉なため、他の乗用車よりも需要の分野が広かった。しかも数多くの人たちの購買力の範囲内にあったため、その利用者は急激にふえつつあった。T型フォードに対する需要は、他のいかなる会社の乗用車に対する需要をも上回った」（チャンドラー、三六頁）。

（7） フォードは高賃金・低価格と市場創造の関係の意義についてつぎのようにのべる。「高賃金と低価格は、より大きな購買力―より多くの顧客―を意味する。賃金の切り下げは、低調な消費に対する治療法ではない。それは、消費者となる可能性をもつ者の数を減少させることによって、消費をよりいっそう低調にするのみである。事業の目的の一つは、消費者に対して供給するとともに消費者を創造することにある。顧客は、人々が何を望んでいるかを理解し、それを妥当な価格で生産し、そしてその生産に十分高い賃金を払い、人々がそれを買うことができるようにして、はじめて創造されるのである」（フォード・b、一八五頁）として、一九二五年時点で「フォード事業体が直接支払った賃金は、約二億五千万ドルであった。また、当社の購買活動の結果、これとは別に恐らく五億ドルの賃金が社外で支払われている。さらにサーヴィス・ステーションとディーラーでは、賃金として約二億五千万ドルが支払われた。したがって、わが社は昨年賃金に振り向けられるカネを、約一〇億ドル生み出したことになる」と、持論を強調する（フォード・b、四七頁）。また、フォードは、大衆市場について、自らの好みと理由をいえる顧客はせいぜい五％程度であるから、「諸君が、その九五％の人たちに対して、いずれの点からも最善のサービスを与えることができるものを発見して、まさに最高の品質のものを製造できるように工夫し、そして真に最低の価格で販売したならば、普遍的と呼べるほど大規模な需要に遭遇することになるであろう」（Ford. a, p. 48）とのべている。

（8） フォード社の創立以来の実績（統計）については、フォード社自身の資料、政府資料、その他の研究資料などが、多くの文献に引用されている。その原典は、これまでフォード経営史研究の第一人者ネヴィンスの統計資料がその主なものであったが、本書との関連でフォード社の生産実績を比較してみると、近年のフォード経営史研究文献には多くの異なる統計資料が見られる。実に悩ましい限りである。それは、Nevins（1954）の資料には販売台数の統計はあるが生産台数の統計がなく、Nevins（1962）で生産実績が提示されたが、前著との関連で資料に問題があると判断されたためかも知れない。そこで、まず、生産台数に関して、塩見、和田、有川らの引用統計を比較してみると、非常に多くの相違があることがわかる。統計が会計年度の変更などの問題はあるにしても、たとえば、塩見はNevins（1962）に依拠しているのであるが、一九一三年までの生産実績を見るとNevins（1954）の販売実績よりかなり少ない。生産と販売とは時間的関連で一致するものではない。しかし、一定期間を取れば販売台数が生産台数を上回ることはない。とすれば、販売統計に問題があるのか。ネヴィンスの統計資料に対する疑問はこの辺にあるのかも知れない。そこで、本書との関連で、T型フォード時代の一九〇九年から一九二一年の生産台数合計を諸文献から比較してみると、五、六六二、六七五台（Ford, a）、五、七六九、七〇四台（塩見）、五、〇七二、四二三台（和田）、五、九一五、八八八台（有川）であり、かなりの相違がある。Nevins（1954）の統計では、この間の販売台数は五、三七六、〇九九台である。和田の引用資料は、会計年度と暦年度との関係と思われる一九二〇年八月一日から一二月三一日までの統計が欠落しているが、このことを勘案すれば、販売台数に最も近いと考えられる（和田、五四頁）。塩見は、Nevins（1962）の統計資料を引用している（塩見、一八四頁）。有川は、会計年度を考慮した詳細なデータを引用しているが、生産数量のみ出所が不明である。また、奇妙なことに、別の箇所ではFord, aの生産台数資料を引用しているという問題がある（有川、一〇八頁および一五二頁）。藻利にはフォードの数値が引用されている（藻利、一八〇頁）。

ところで、Nevins（1954）の統計の内、販売台数、売上高、利益額、従業員数については、同じ統計をすでに三〇年前にBenson（1923）が使用している。ベンソンによれば、この「内部資料」は、ベンソンの著書のためにフォード自身の指示で提供されたもので、いまだ印刷されたことのない数値であるとされている（Benson, p. 139）。ただし、このベンソンにも生産台数の統計はない。しかし、ネヴィンスを引用する研究者は多いが、ベンソンを引用する研究者は少ない。年代的に当然であるが、このベンソンに依拠しているのが有川である。

以上の状況を総合的に判断して、本書では、生産台数統計として、フォード（Ford, a）に記述された統計（1909–1921）を使用することとする。また、販売台数および売上高、利益額、労働者数についてはベンソンを使用する。

（9） 賃金倍増を実施する以前にも、フォード社では利益分配制度を行っていた。「例えば、一九〇九年時点でさえ、八万ドルを勤続年数に応じて分配していた。一年勤続者は年収の五％、二年勤続者は七・五％、三年勤続者は一〇％が支給された。この制度の問題は、日々の労働に直接関連をもたないことであった。労働者は、作業が行われてからずっと後になって分け前をもらえるわけで、ほとんどプレゼントのような形でかれの手元に入ってきたのである」（Ford, a, p. 125）。新たな方式も、いわば利益分配制度であったが、異なるのは、利益を前もって概算して賃金に追加するという方式であった。対象は、六ヵ月以上勤続する労働者で、つぎの三つの基準に該当する労働者であった。

① 既婚者で、家族と同居し、かれらの世話をよくするもの。

② 二二歳以上の未婚者で、倹約の習慣があることが判明したもの。

③ 二二歳未満の青年および近親者を一人で支える女性労働者（Ford, a, p. 127）。

「労働者は、まず正当なる賃金を支払われることになるが、それも当時の通常の賃金より平均して一五％高い賃金であった。つぎに、かれは一定の利益分配を受けることになる。かれの賃金に分配利益を加えて、最低一日五ドルの収入が得られるように計算された。分配利益は、時間給をベースに分類され、最低の時間給の者が最大の割合の利益分配を受け取れるように、時間給に加算された。それは賃金とともに二週間ごとに支払われた。たとえば、時給三四セントの作業者は、一時間二八・五セントの利益分配を受け、それで日収は六ドルとなるのである」（Ford, a, pp. 127–128）。そして、「この計画を実行に移したとき、従業員の六〇％は直ちに分配に預かる資格を持っていた。六ヶ月後には七八％が、一年後には八七％の従業員が分配されていた」（Ford, a, p. 129）としている。

別表1　フォード熟練度別賃金（1913年）

熟練度	時間賃率	労働者数	職種グレード
A-1	.51	2	熟練機械工および副職長
A-2	.48	45	
A-3	.43	273	
B-Service	.43	51	熟練オペレーター
B-1	.48	606	
B-2	.34	1,457	
B-3	.30	1,317	
C-Service	.38	19	オペレーター
C-1	.34	348	
C-2	.30	2,071	
C-3	.26	4,311	
D-1	.34	31	助手
D-2	.30	137	
D-3	.26	416	
E	.26	2,003	雑役工
Special	.23	208	女子および連絡係

出所）Meyer, S. Ⅲ, *The Five Dollar Day*, 1981 p. 103より引用

別表1は、新制度導入以前のフォード社の賃金表であるが、最低賃金五ドルの上昇率がいかに大きいかが分かる。この熟練度別賃金制度を採用するために、詳細な「時間研究」が行われた。「一九一三年頃になってはじめて、工場内の数千の作業全てについて時間研究がなされた。時間研究によってすれば、一人の作業者の生産高が理論的に決定することができるのである。そうして、十分な余裕を加えて、一日の満足な標準生産高を設定し、さらに熟練を考慮に入れて、一つの仕事に投ぜられる熟練と労力の量をかなり正確に表す賃率に到達することが可能となるのである」（Ford, a. p. 125）。

（10）「高給はそれ以外の結果も示した。一九一四年にその計画が初めて実行に移されたとき、われわれは一四、〇〇〇人の従業員を雇用していた。しかも、一四、〇〇〇人の人員を絶えず維持するためにはほぼ五三、〇〇〇人の割合で労働者を雇用する必要があったのである。しかし、一九一五年にはわずか六、五〇三人を雇い入れたのみであった。しかも、これら新規雇用者の大多数は、事業拡大の故に採用された者たちであった。（中略）それ以来、労働者の移動問題に悩まされることはなくなった。（中略）我々の知る限り、労働者の移動は月三％から六％位である」（Ford, a. pp. 129-130）。

（11）スケールメリット（規模の経済）といわれるこの論理は、「標準化」を媒介とする熟練の機能、分業

の機能の集中化を意味するが、「規模の経済効果」についてみれば、アバナシーも指摘するように、BCG（ボストン・コンサルティング・グループ）の「経験曲線」が参考になる。それによれば、累積生産量が二倍になるごとにコストは二五%ずつ減少するということである（アバナシー、四〇頁。アベグレン他編著、二七頁）。

(12) 大野耐一『トヨタ生産方式』を読めばわかるとおり、大野は、「フォードシステムの真意」という章を設け、その「真意」を受け継ぐという視角から、フォードシステムの歴史的役割を高く評価している。一般に、フォードシステムとトヨタシステムを比較する際に、フォードシステムを過小評価する論調があるが、むしろ、トヨタシステムを作りあげた本人が、最もフォードシステムを正しく評価しているのかも知れない。

(13) ハイランドパーク工場は一九一三年に完成したが、その工場は、鉄道で搬入された原料・資材が機械化された搬送装置を介して、鋳造・熱処理工程、鍛造工程、機械加工工程、部品組立、完成品組立、発送という自動車製造の全工程を自動化・連続化する一貫工場であった。

(14) 筆者は、以前に同様の自動化鋳造ラインを岩手の南部鉄器製造会社で見たことがある。この場合は、鋳型の製造、鋳込み工程がともに流れ作業で行われ、さらに最後の鋳型のばらし工程が自動化され、網状のコンベアの振動により、その上にある鋳型が飛び跳ねるようにばらけて、砂は真下を移動する回収用のコンベア上に落ち、残った鋳物と枠はコンベアの最後で分別回収されていた。

(15) オートメーションの魁である単能機の連続化としてのトランスファーマシンは、一九二三年にモリスモーターズ社が初めて導入したが、その制御が難しく廃棄された。一九二八年、A・O・スミス会社が本格的な自動車フレーム製作用のトランスファーマシンを製作した（リリー、二〇一—二〇二頁）。フォードも、独自のトランスファーマシンを製作したが、フィードバック制御式のマルチ・ステーション＝マルチ・サイクル化のオートメーションの採用は、第二次世界大戦後のことである。

(16) ソレンセンによると、「フォード氏は組立ラインの創造、計画、実施には何の関係もなかった」（ソレンセン、一五〇頁）のであって、それは、「大量生産方式に必須の機械類や多数の材料供給ラインのついた最終組立ラインは、増産をめざして絶え間なく実験を繰り返した部門から生まれたのである。種々の部品の組立時間を短縮し、車を組み立てる一階の大部屋に部品を早く届けるためには、工場を改造しなければならないことが明らかとなった。私が初めてコンベヤー・システムを導入したのはこのためであった」（ソレンセン、一四八頁）と、コンベア式流れ作業は、ソレンセンの業績であることを強調している。しかしながら、フォードの文章は、すべて「We」で始まっており、自分が何をしたかということでなく、フォード自動車として何をしたかという文章になっている。それは、おそらくソレンセンの業績も含んでいるのであろう。

(17) アーノルドの観察記録から一〇〇年。あまりに単純な計算なので、後の引用者たちがアーノルドの計算を再確認せずに引用したと考えるが、多くの論者の立論との関係でいえば、むしろ筆者に何か見落としがあり、あるいは計算違いがあり、アーノルドが正しいことを望みたい。その場合には全面的にお詫びしたい。

(18) ハイランドパーク工場の組立工程の改革完了でコスト削減のための改革が完了したわけではもちろんない。例えば、その後の塗装工程と仕上げ工程への移動組立法の導入である。塗装工程の場合、塗料タンクを各工程に配置し、車体の移動にしたがってノズルのついたホースで吹き付けた。また内装工程についてもコンベア作業の導入により、「作業の分割と標準化が進められ、作業員の配置と作業時間の秩序ある規則性が確立した」（下川、七六頁）のである。

(19) フォードによれば、一九二二年時点で、組立分工場は三五工場あり、その内二二工場は部品生産も行っていた（Ford, a, p. 173）。なお、和田によれば、組立分工場の比重は年々高まり、「一九一四年にはハイランド・パーク工場が全体の九割を、各地の組立分工場は一割を組み立てていたが、二三年にはその比率は完全に逆転し、全社で二〇〇万台を組み立てたうち、ハイランド・パーク工場は六％を組み立てていたにすぎなかった」という（和田、五八頁）。

(20) フォード社の新入社員教育用の工具・機械の標準とその使用方法についてはつぎを参照。Henry Ford Trade School, *Shop Theory*, McGraw-Hill Book Co., 1934. (Reprinted by Lindsay Publications Inc., 1989.)

(21) Schlusselprodukt を「単一型製品」と翻訳したのは宮田である（宮田、三八一頁）。

(22) 綿密な時間研究によって、一九一四年一月、ハイランドパーク工場の全職務構成が確定された。「私は、工場内のすべての仕事を機械仕事と手仕事の種類別に分類させた。すなわち、その仕事は肉体的に軽度のものか、普通のものか、大変なものか、あるいは、それは濡れる仕事か乾いた仕事か、もし乾いていないとすればいかなる液体を使うのか、あるいは、それはきれいな仕事か汚い仕事か、熱室に近いかどうか、空気の状態はどうか、片方の手でできる仕事か両手を使う仕事か、立ち仕事か座ってするのか、騒音の程度はどうか、精密さを必要とする仕事か、明かりは自然のものか人工のものか、時間当たりの取扱量はいくらか、取り扱う材料の重量、作業者にかかるストレスの程度などについて分類した」（Ford, a, pp. 107–108）。その結果、「工場には七、八八二種類の仕事があった。その内、九四九種は肉体的に完璧な強い体力を必要とする重労働と区分され、三、三三八種は普通の体力でできる仕事であり、残りの三、五九五種は、肉体的な力を必要とせず、最も軽く弱そうな人間でもできる仕事であった。実際、これらの仕事の多くは婦人か年嵩の少年で十分にこなせる仕事であった。この最も軽度の仕事をさらに必要とされる能力の程度から分類したところ、つぎのことが発見された。六七〇種の仕事は両足のない人でもでき、二、六三七種は一方の足のない人、二種は両腕のない人、七一五種は一方の腕のない人、そして一〇種の仕事は両眼とも視力のない人でできる仕事であった」（Ford, a, p. 108）。

(23) 藻利は、「品種別職場作業組織」と「流れ作業組織」を区別する。「流れ作業組織」は、作業進行の時間的規則性・強制性を伴う「コンベヤー・システムとしての流れ作業組織」であるとしている（藻利、一五四―一五八頁）。筆者も同様に考える。

(24) 塩見は「フォードシステムの本質的意義は、機械工業史上はじめてこの専用的搬送手段を部門内へ全面的に導入したことにある」（塩見、二三一頁）と、フォードシステムにおけるコンベアなどの機械的搬送手段の意義を高く評価している。

(25) ピン自動製造機は、バベジの著書と同年の一八三二年、アメリカのJ・ハウが発明したとされる。アメリカ・スミソニアン博物館で実物を見ることができる（Hindle B., S. Luber, p. 154）。筆者も現物を同博物館で見たが、確かに、きわめて興味深い機械である。しかし、多工程を小さい素材が移動する場合、加工時間よりも工程移動に時間がかかり、労働者による分業の方が作業時間が速いのではないかと感じた。

(26) ヘンリ・タウンがテイラー『工場管理法』序文でのべているつぎの言葉は、当時のアメリカ工業に対する期待を強くのべたものである。「アメリカの現状を維持し、国内市場統制を強くし、さらに外国市場に進出して、他の工業国の製品と競争する機会を捉えんがためには、生産過程の能率増進に役立つことならなんでも歓迎し奨励すべきである。この目的に対するテイラーの貢献は、その性質においては根本的なものであり、その終局の効果においてははかるべからざるものがある」（テイラー、四七頁）。

(27) テイラーシステムとフォードシステムとの関係について敷衍すると、まず、「フォード社における大量生産の発展に関して、これは主として『科学的管理法』のおかげであるというがんこな神話がある。フォード社の人間は（中略）だれ一人として『科学的管理法』の父フレデリック・W・テーラーの理論につうじてはいなかった。（中略）一九一四年の終わりころ、テーラーがデトロイトを訪れたことを、フランク・バークレイ・コプレイのテーラーに関する二巻の本に書いてあるというのを読んだことがある。テーラーはデトロイトの工業家たちが『熟練工の助けを借りずに科学的管理法の原理を活用し始めた』ことを見て驚いた。熟練工たるテーラーが無意識に認めたことは、あまりにも熟練工に頼りすぎるとロクなことにはならぬということをウマク証言したということであり、テーラーの理念が、フォードに何らかの影響を与えたという伝説を永遠に葬り去ってくれるものだと思えるのである」（ソレンセン、四六頁）とソレンセンがのべるように、その直接的関連はないと考える。それは、「移動組立法を完成していく過程において実施した新しい作業工程における動作研究や時間研究は、広い意味でテイラーの影響であるが、このような作業研究のテクニックは、当時のアメリカの工業界においてかなり広く普及していたものであり、それをフォード経営において応用したにすぎない」（下川、一一七頁）との下川の指摘、すなわち、分化・最適化・再結合のアメリカン・システムの方法論の方法的類似性として捉えるべきであろう。

ただし、ソレンセンの見方は、コンサルティング・エンジニアとして多くの企業の生産システム構築に関わり、各種の企業の指導を行っていたテイラー・グループと基本的にそのスタンスが異なっていたのは確かである。H・L・ガントは、テイラーの見解とは別の角度から、フォードシステムの先進性に早くから着目していた。すなわち、「業界紙はフォード工場の製造方法の記事で一杯である。この方法は、確かに非常に興味深く、工場がうまく経営されていることは疑いない」として、それが可能なのは、多くの人々が欲するものを彼らが支払える価格で販売しているからであり、このようなやり方は、これまで多くの人が考えていた高価格・高利益という考え方を否定するものであると、鋭く分析しているのである（Gantt, H. L., 1915, p. 112）。

両システムの関係について、これを生産システムの進化という視角から見るならば、「テイラーシステムにおいては、作業の標準化と作業工具の規格化といったあくまで作業の管理に終始し、その標準化のやり方も熟練作業の人為的な観察と記録によっている。これに対して、フォードシステムでは、製作された最終製品―部品―専門機械―工具といった一連の生産過程の機械体系全体が、徹底的に規格化され、作業内容の細分化にともなって単純化された労働がそこに配置されて、体系的な生産の管理となっているという特徴がある。つまり、テイラーシステムが、生産工程における作業労働の分析と標準化から出発したのに対して、フォードシステムは、工作機械そのものの技術的発展に基礎づけられた完成品そのものの標準化から出発しているのである」（下川、一一七―一一八頁）という両システムの相違性の指摘こそ重要なのである。

(28) 有川は、フォードの社会目的の意義について、「生産手段が社会有としたからとて、直ちに生産が社会的になるものではなく、生産手段は資本家の所有であっても、生産は社会的であることが出来る。これが即ち社会奉仕主義の経営である」（有川、三二三頁）とのべる。

第三章　フォードシステムと資源循環論

一　大量生産体制のパラドックス

　近年の地球資源枯渇問題が、経済先進諸国の大量生産体制（大量生産・大量消費経済）の拡大のみでなく、人口増加の著しい新興工業諸国が生活水準の向上を求めて大量生産体制の生産循環に加わり、巨大な規模のエネルギー・資源調達に乗り出していることに根源があることは世界の一般的な認識になっている。新たなエネルギー・資源の開発が行われているものの、地球資源をめぐる諸国間の競合が激しさを増すことによって、遠くない将来、地球資源が枯渇するものと考えられている。また、地球温暖化による異常気象、氷河の減少、海水面の上昇、乾燥と砂漠化など、人類の生存条件に関わる自然環境の変化が、自然循環によってでなく、大量生産体制に伴う温暖化ガスの排出に起因することも周知の認識となっている。

　こうして、大量生産・大量消費の経済システムは、人類に二つの課題を提起している。一つは、資源の枯渇と大量生産体制との調和の課題である。グローバル化の進展によって、新興工業国のみでなく、今後開発途上諸国も大量生産体制に加わることになれば、資源の消費速度が加速して資源の枯渇が早まるであろうし、資源をめぐる諸国間の対立も起きるであろう。いわば、人類の生存基盤そのものをめぐる諸国間の調整をいかにするのかという課題である。いま一つは、地球温暖化と大量生産体制との調和の課題であり、温暖化ガスの排出規制と大量生産体制の両立が可能かどうか、言いかえれば、人類が生存するために自然循環と生産循環の間の大量生産体制のパラドックスとしての「環境ジレンマ」にどのように対処するのかという課題である。これら二つの課題は、いずれも現代の「制約なき大量生産体制」に対する地球レベルでの制御の方法を問う重大な課題なのである。

ヘンリー・フォードは、自ら作りあげたフォードシステムがこのような地球環境問題の元凶となることをもちろん望んではいなかった。フォードシステムは、大衆の生活水準の向上を約束し、産業の発展、国家の繁栄を実現するものであった。当時の一般的認識として、地球環境との関連で生産活動のあり方を問題にすることなど考えられることではなかった。しかしながら、もちろん、地球温暖化についての言及はないものの、フォードが、大量生産体制の拡大によって地球資源が将来枯渇する可能性があることを予見していたことは、フォードの生産哲学の深淵さを示すものである。すなわち、「想像されるいかなる技能をもってしても、われわれはなお主に天然資源に依存し、それらに取って代わることは出来ないと考える。われわれは石炭や鉄鉱石を掘り出し、また樹木を切り倒している。われわれはその石炭や鉄鉱石を使用しているが、それらはその内なくなるであろう。樹木もわれわれの一生の内には再生されないであろう」(Ford, a, pp. 280-281)。したがって、現段階では「思いわずらう」

ことはないとしても、「先を見越して、予想される資源の枯渇や、材料の節約、さらに、現在のものに代替する材料や燃料の発見に常に注意を払っておく必要がある。（中略）例えば、ガソリンの価格がある一定額を上回るなら、それに代わる燃料をとり入れることは有益なのである」（フォード・b、七九頁）と。このように、フォードが将来の資源・エネルギー問題に対して一定の危機感を持っていたことは確かである。しかも、第二章で見たように、フォードの「無駄排除の哲学」からすれば、資源の無駄はすなわち労働の無駄を意味するのだから、資源の有効利用によって労働の無駄を削減することが資源の保全とコスト削減につながるのである。こうして、資源の開発・有効利用さらには廃棄・排出物のリサイクルシステムをフォードシステムにビルトインしていった。このフォードの資源循環に対する取り組みは、現代の資源循環システムの先進的実践例としてきわめて学ぶべき点が多いのである。

二　資源循環の意義

(1)　もの作りとは何か

物質代謝過程の迂回

もの作りとは何か、まずその原点に立ち返って考えてみよう。人間の祖先は、元来他の動物と同様、自然循環の中で自然が与えてくれる恵みによって、すなわち、物質代謝過程をつうじてその生命を維持する動物であった。本来物質代謝とは「食物として外界から摂取された物質は種々の合成や分解を経て、生体成分や生命活動のための物質およびエネルギー源となり、また不要物として排出される」(大辞林)という意味である(生命循環)。しかしながら、人類は、自然を加工することによってこの物質代謝過程を効率化、大規模化できることを学び、生命循環の拡大をめざしたのである。こうして、人類が他の動物と異なるようになったのは、自然循環と生命循環との間の物質代謝過程に生産手段を媒介とする生産活動(自然の加工)を挟み込み、この物質代謝過程を「迂回」させたことに始まる(生産循環)。すなわち、「自然から資源・原料を採取し、生産物を生産し、それを消費する。その生産の際に『生産の廃棄物』が発生し、消費の際に『消費の廃棄物』が発生する。これらの全過程を人間と自然のあいだの物質代謝という」(有斐閣経済辞典)こと、いわば、この物質代謝過程の迂回こそ生産活動の本質であり、その迂回の規模が生産循環の大きさを決定し、人間の生命循環すなわち生活手段の規模を決定するのである。その結果、人間は、生産活動をつうじて自然的生活のみでなく経済的、社会的生活を送ることになった。すなわち、人間にとって生産活動は物質的・精神的生活の根本となり、社会的価値の源泉となり、文化的発達の条件となったのである。言いかえれば、生産活動をするということが、人間の自然的・経済的・社会的生活の必要十分条件となったのである。

自然循環・生産循環・生命循環

図3-1は、そうした自然循環と生命循環との間の物質代謝過程に生産循環が介在する過程を示し

図3-1　自然循環・生産循環・生命循環の関連

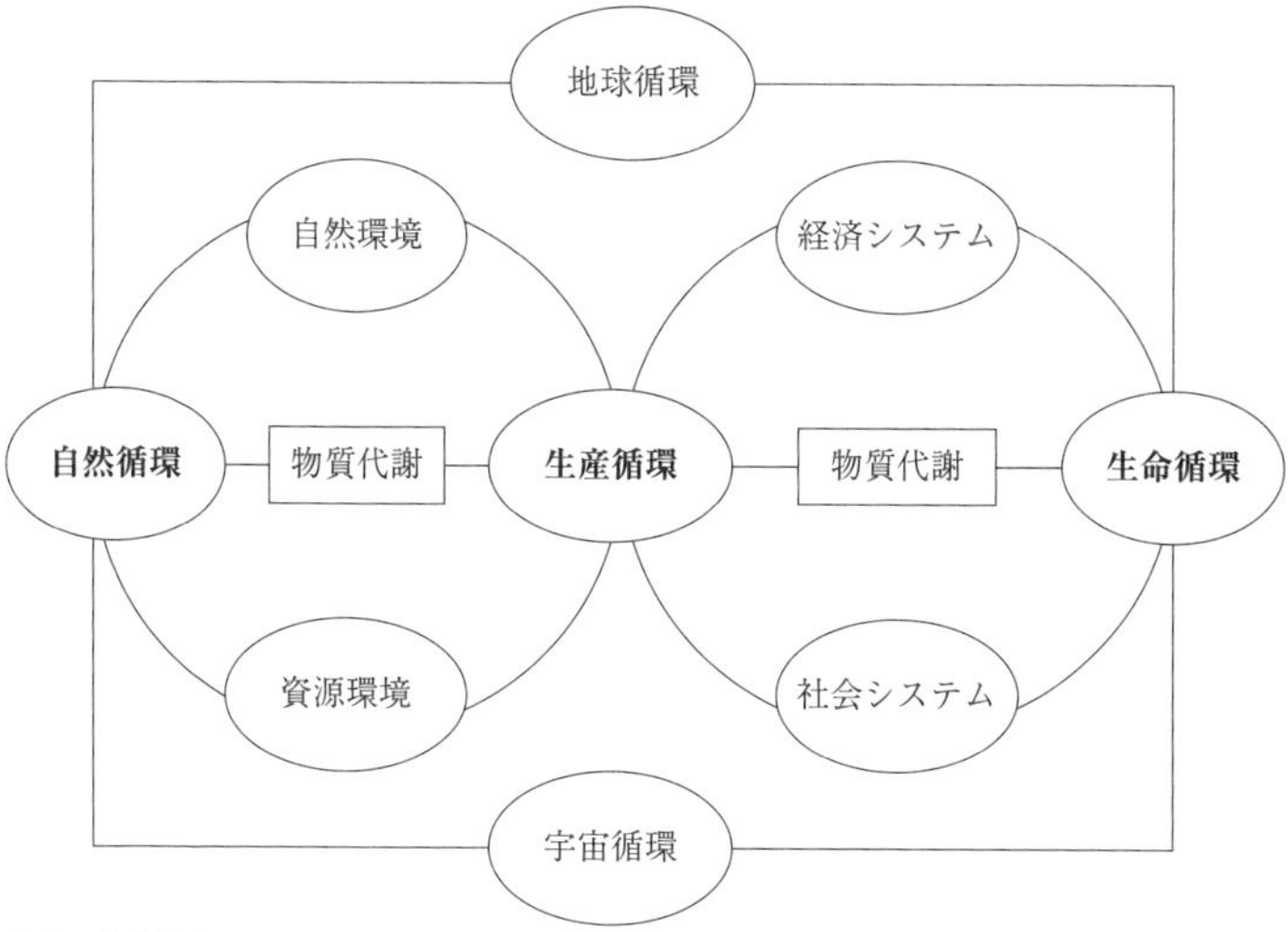

出所：筆者作成

ている。自然循環とは、本来宇宙循環に規定された地球循環としての物質循環を意味するが、自然循環は生命循環に対しては空気や水、気温や気候、そして生命循環に必要な動植物などの自然環境として現れ、生産循環に対しては同時に資源環境として現れる。自然循環から生産循環に内部化された資源は、生命循環の拡大、すなわち生活水準の向上のために必要な生産物に転化される。人間がみずからの肉体的・精神的力能を対象資源に加えることを労働というが、その労働によって労働対象である資源を加工し、必要とされる機能を持つ物質に変形するのである。

そして、労働によってつくられた生産物は、経済システムと社会システムとをつうじて人々に配分されるが、経済システムとは人々が継続的に物質的・精神的生活を営むための価値の生産と分配を制御するシステムであり、社会システムとは人間の生命循環の相互的・安定的維持を目的として秩序づけられた社会的価値を制御するシステムである。人間は、これらのシステムを適正に制御しながら自然循環と生命循環との調和を維持するのである（坂本、d）。

循環の調和と撹乱・破壊

しかしながら、歴史的に見れば、この調和は、生産活動の拡大とともにたびたび撹乱あるいは破壊されてきた。第一に、社会化された人間生活においては、人間はときに自らの生命循環の拡大を求めて経済システム、社会システムの統治力を排他的に追求する。その結果、貧困と飢餓、戦争と破壊など、生命循環の断絶をともなうような物質循環の撹乱を生み出してきた。また、経済システムのグローバル化、デジタル革命による生産循環の巨大化が進展する現代においては、その撹乱や破壊は更に大きくなり、人類全体の生命循環の危機が到来することもありうるのである。

第二に、産業革命期から二一世紀に至る生産循環の拡大、とりわけフォードシステムに発する地球規模での現代大量生産体制が、自然循環との関係を調和から対立関係へと転換させたことである。地球温暖化と資源枯渇とがそれである。これまで見たように、フォードは自らの大量生産システムが一般化すれば、将来資源枯渇が問題となることを予測していた。しかしながら、フォードは大量生産の結果としての地球温暖化については予期できなかった。資源枯渇は生産循環と生命循環との関係を撹乱するものであり、また地球温暖化は自然循環と生命循環との関係を撹乱するものである。いわば、生産循環の規模が自然循環および生命循環の循環性を撹乱・破壊するということ、言いかえれば、人間が自らの存立基盤である生産循環から疎外されることを示している。それゆえ、人類がふたたびこれらの循環の調和を回復しようとするならば、生産循環のあり方そのものを見直す必要があるのである。

(2) 資源循環の意義

生産過程とは、資源開発過程から得られた諸資源を、労働力、機械・装置と結合して製品を生産する過程（言いかえれば、生産手段を生産する生産過程と消費財を生産する生産過程）であり、流通・消費過程とは、生産された製品を消費者に届ける（販売する）流通過程を経由して、消費者が製品を消費する過程である。これが資源循環の動脈流である。見方を変えれば、生産過程は、製品機能の生産を目的として資源やエネルギー、労働力、機械類を消費する過程であるから、生産的消費過程（①）である。また、流通・消費過程は、消費者が製品機能の享受を目的として製品を消費する過程であるから消費的消費過程（②）ということができる（図3-2）。

重要なことは、生産的消費過程および消費的消費過程は、そのプロセスにおいて、またはその結果として、排出・廃棄物を伴うことである。生産過程では、熱、ガス、水、資源の残滓などであり、同様に、消費過程では、熱やガス、製品や包装材、生活ゴミなどの排出・廃棄物である。これら排出・廃棄物が、自然循環に吸収または浄化される場合には問題とならないのであるが、大量生産体制の下

図3-2　資源循環過程（動脈流と静脈流）

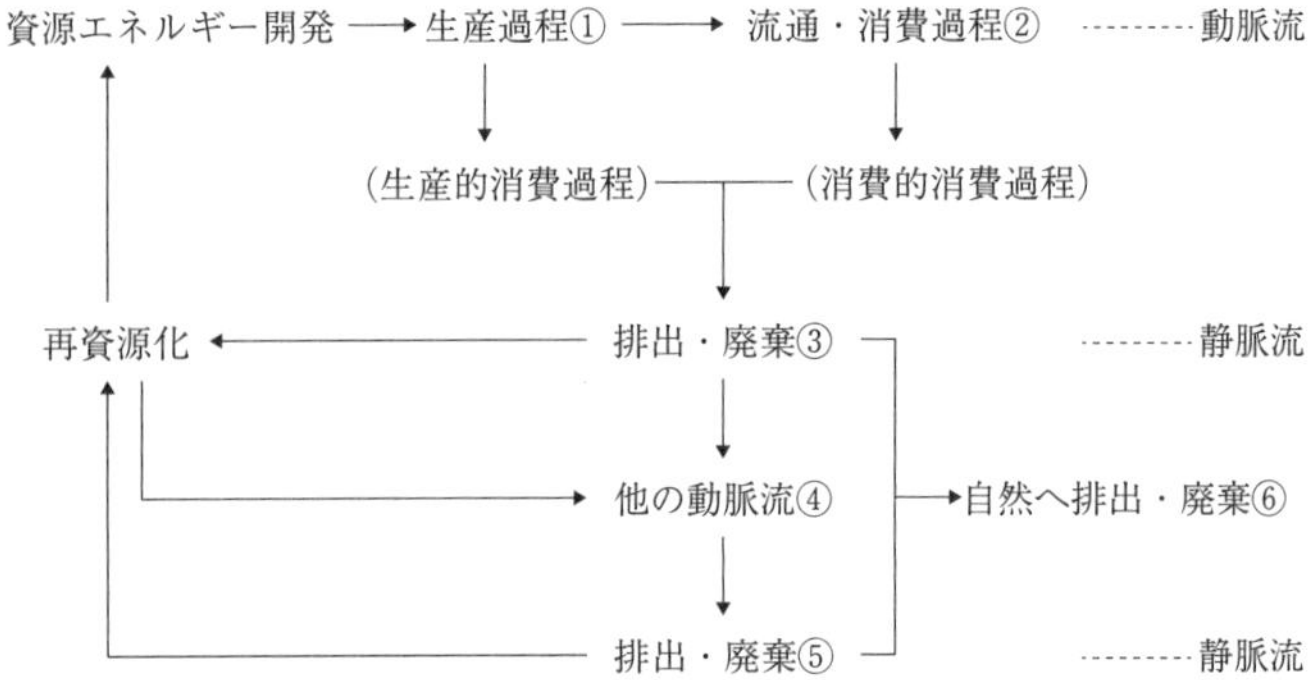

出所：筆者作成

での排出・廃棄物が巨大なものとなり、それが、「大量生産体制のパラドックス」の原因となるに及んで、この排出・廃棄物の削減・処理をいかにするかが地球レベルでの問題となっているのである。

動脈流と静脈流の課題

これに対し、近年この巨大な排出・廃棄物を再資源化して動脈流に再投入する流れが本格化しつつある。これが資源循環の静脈流である。これを図3-2で見ると、まず、①および②は、動脈流の資源の流れで、資源の開発から資源の生産的消費および消費的消費の過程である。新資源・代替資源の開発、生産過程における製品・製法のイノベーションや使用資源の削減（リデュース）による資源効率向上、資源の再利用（リユース）などによる資源の有効利用、そして、流通過程における流通・在庫の時間的・空間的効率向上などが資源循環における動脈流の課題になるのに対して、③は生産的消費及び消費的消費からの排出・廃棄物の再処理による再資源化（リサイクル）の過程であり、まさに静脈流としての再資源化の過程である。言いかえれば、静脈流は、動脈流からの排出・廃棄物を資源とすることによって動脈流のための再生資源を生産する消費的生産ともいうべき資源循環であるといえよう。これに対して、④は動脈流から排出・廃棄された物質を資源として、新たな資源・製品の生産過程を形成する循環で、動脈流間の資源循環を構成する。しかし、この新たに追加された生産過程からも排出・廃棄物が発生することになり（⑤）、①②③の動脈流・静脈流と同様の資源循環が行われる。こうして、静脈流をつうじても処理不可能な物質が⑥自然界へ廃棄されることになる。

本来地球環境問題は、動脈流における排出・廃棄物の削減とともに、この資源循環の静脈流との関わりの中で考察しなければならない。すなわち、静脈流のみの議論、例えばリサイクル産業の議論のみで問題が解決するわけではない。動脈流と静脈流との統合、言いかえれば、動脈流と静脈流の循環、生産的消費と消費的生産の統合の議論が重要なのである。その統合の仕組みをいかに具体的なシステムとして展開できるか、これが大量生産体制との調和の議論の柱にならねばならない。

一九六〇年代、先進工業諸国は、フォードシステムを導入することによって「黄金の六〇年代」を享受することになったが、それは、他方での膨大な排出・廃棄物の上に築かれた繁栄であった。しかも、排出・廃棄物は、これを処理するコストが負担になることもあって、無用のもの、厄介ものとして、長い間自然の中に廃棄されてきた。その結果、自然が汚染され、また人間の健康被害が表面化（公害）するに及んで、生産的消費および消費的消費からの排出・廃棄を規制することになった。いわば公害に対する社会的規制によって、はじめて排出・廃棄物と人間の生命とが結びつけられることになったのである。製造企業は、動脈流における資源循環過程を制御する技術の開発によって、資源の効率的利用のみでなく、排出・廃棄物の浄化、再利用、代替資源の使用など、動脈流における資源効率の向上、排出・廃棄物の削減に取り組まざるをえなくなった。ましてや、排出・廃棄物の自然界での蓄積の結果が、公害という限られた範囲の健康被害でなく、人類の生存のための自然条件そのものに深刻な影響を及ぼす段階になると、排出・廃棄物の地球レベルでの規制が求められるようになり、一九七二年、ローマクラブが「成長の限界」として、大量生産体制の見直しを提言したことをきっかけに、循環型社会の模索が始まるのである。そして、一九九七年の京都議定書の合意は、もはや、大量生産体制と自然環境との対立が不可逆的な段階を迎えつつあることの認識を、地球レベルで確認したことを意味した。

しかしながら、「持続的成長」という美名の下、先進工業諸国は大量生産体制を見直すどころか、それをグローバルに拡大し、排出・廃棄を他国に移転することによって免責をはかり、また、新興工業諸国は、先進諸国の生活水準まで追いつくことは「権利」であるとして、大量生産体制の拡大に力を入れている。開発途上国についても、グローバル化の潮流の中で、先進諸国や新興工業諸国の大量生産体制に組み込まれつつある。こうして、大量生産体制と自然環境との対立の不可逆的段階は、至近距離にまで接近しているのである（気候変動に関する政府間パネル、第4・5次評価報告書、二〇〇七年、二〇一三―一四年）。

一方、このようなグローバルな大量生産体制に対して、エネルギー、資源の効率的使用や新エネルギー開発などの技術開発が進められている。しかし、エネルギーの大量供給は、大量生産体制のより一層の拡大を促すものであり、動脈流における地球資源の大量使用を意味するわけで、資源の枯渇問題とともに、排出・廃棄物の量がますます多くなる可能性がある。それゆえ、静脈流の果たす役割は一段と重要になることが判明するであろう。

重要なことは、この静脈流を新たな産業部門として、動脈流産業部門と統合する生産システムを構築することである。たしかに現在、静脈流を対象とする多くの企業が存在する。ペットボトルや古紙、食品包装材、電気製品、コンピュータ、建築残滓、金属類、食用油、自動車などがリサイクルされている。エコタウンなどの静脈流企業群のクラスターも形成されつつある。しかしながら、これらの企業は、一部を除いて採算性に問題があることが多く、動脈流とのネットワーク化も進んでいるとはいえない。もともと排出・廃棄物は、動脈流を源とするものであり、本来、動脈流が処理すべき対象なのである。地球環境問題が切実さを増せば増すほど、動脈流と静脈流とが資源循環として、また価値循環として統合される生産システムの構築が求められる。言いかえれば、生産的消費と消費的生産の循環システムとしての循環統合型生産システムである。

三　フォードシステムと資源循環

(一)　資源循環の諸事例

第二章において素材製造の技術革新によるコスト削減の事例を検討したが、これらの諸事例も資源循環の実践例であった。ここでは、フォードシステムにおける資源・エネルギーの無駄の排除、有効利用によるコスト削減の事例について見てみよう。第一に、資源の有効利用によるコストの削減である。

木材の有効利用

まず、木材の有効利用に関する事例をみよう。木材消費の通常の方法は、①丸太、完成材は、市販寸法に切ってあり、それを購入して用途に合わせて切り、残りを捨てる。②使用済みの木枠、梱包用の木箱は、廃物として壊して燃やす。しかし、こうした木材消費を続ければ「わが国の森林は（中略）五〇年ともたないであろう」（フォード・b、一五一頁）というのがフォードの認識であり、こうした無駄をなくすため、「われわれは一本一本の樹木を、普通の木材として役立つ部分がすっかりなくなるまでは木材として取り扱い、つぎにその残りを化学品として扱い、これを分解して、別の化合物に転換し、自らの経営内部で利用する」（フォード・b、一五〇頁）という、新たな木材利用方式を実施した。①森林の購入、製材工場を森林地帯に建設。②一二インチ以下の木は切らない。ガソリン発動機つき帯鋸によって立木はなるべく根元から切る。以前の二〇分の一の速度。これまで切り株として残された大量の木材を節約。周りの柴はすぐに燃やす（山火事防止、若木の生育）。森林の寿命が三分の一のびる。③樹皮の着いた丸太から直接厚板を切り出す。各成型部品に製材。以前より二五―三五％も多い部品。一日の節約額二万ドル。④改良型の乾燥機で水分七％まで乾燥。乾燥には二〇日程度時間がかかるが、①②③の改善策によって、木材の節約は五〇％に達する（以上フォード・b、一五六―一六〇頁）。

また、⑤隣接発電所と製材工場、乾燥釜および乾留工場が一体となっており、発電所の炉は、がらくた、おがくず、油、タール、粉炭など、ほとんどどんなものでも燃料として使用できるという特徴を持っている（フォード・b、一六一頁）。⑥乾留工場は、おがくず、木片、樹皮、トウモロコシの穂、果実カラ、麦わら、そして伐採した大小の枝等、セルロース構造ならどんなものでも木炭と副産物に変える。乾燥した木材を華氏一千度のトレルト（高さ五〇フィート、直径一〇フィートの塔）に入れ、揮発性ガスと木炭に分離する。ガスは、高さ五〇フィートのガス精製装置によって精製ガスと凝縮された木酢となり、残余は発電所の燃料になる。木酢は、蒸溜器によってタール、メチルアルコール、種々の酸、軽油などに分解。タールは、ピッチ、クレオソート、浮遊油に。ピッチは、電池の封印やコイルの絶縁に。クレオソートは、柱や杭、枕木の防腐剤に。浮遊油は浮遊選鉱用に。メチルアルコールと種々の酸は、石灰で中和後蒸溜器に入れ、酢酸と化合してカルシウム・アセテートにする。それは、自動車の幌、車内装飾用のレザー・クロスに。最後に残った油は燃料にする。また、木炭は、大きな塊は貯蔵室へ、小さな塊は粉砕され接着剤と混ぜて燃料用の練炭になる。

こうして、廃材一トンは、石灰アセテート一三五ポンド、八二%のメチルアルコール六一ガロン、木炭六一ポンド、タール、重油、軽油、クレオソートは計五ガロン、燃料用ガス六〇〇立方フィートとなり、回収生産物は一日一万二千ドルになるのである(フォード・b、一六〇—一六五頁)。

鋼材の利用効率

つぎに、鋼材の利用効率を高めた例である。それまでは鋼板や棒鋼を標準規格で購入していたが、仕上げ済みのこうした鋼板を使用すると多くのスクラップが出る。多くの労働の無駄を出していたのである。そこで、①クランクケースの場合は、以前はポンド当たり〇・〇三三五ドルで購入していた鋼板から切り取っていたのを、仕上げされていない長さ一五〇インチの鋼板を、ポンド〇・〇二八ドルで購入し、一〇九インチのところで切り(この部分は他の部品の材料となる)、残りの部分から五つのクランクケースを一回の作業で切り出す。これによって、年四〇〇万ポンドの鉄屑の節約になり、五〇万ポンドのコスト削減を生みだした(フォード・b、一一四—一一五頁)。②風防ガラスのブラケットの場合は、以前は一五・五インチ×三二・五インチの鋼板から六個切り取っていたが、多くのスクラップが出ていた。そこでそのスクラップ部分から、一〇個の小部品を同時に切り取る改善によって、年間一五〇万ポンドの鋼鉄の節約を実現した(フォード・b、一一五頁)。フォードはその他の事例をあげつつ、「われわれはスクラップは避けるべきであり、また他の用途がなくなるまでは、再び溶かしてはならない」として、鋼鉄レールを再熔解せずに棒鋼として再利用する例などをあげている（フォード・b、一一七頁）。

副産物の回収

最後に、ルージュ工場における、副産物回収炉の例についてである。これは、石炭の消費過程で発生するガス等から副産物を製造するものである。まず、石炭の搬入価格はトン当たり五ドル。それがコークスと副産物に転換されると約一二ドルの価値を持つ。まず、乾留によって発生するガスは、一部は炉の加熱用、一部はハイランドパークへ、そして残部が地元のガス会社に販売される。コールタールと鉱油は自家消費する。コークス炉の近くの高炉には、鉄鉱石、コークス、石灰石、空気（比率は、二トン、一トン、〇・五トン、三・五トン）が入れられるが、ここから、高珪素鉄一トン、鉱滓〇・五トン、二〇万立方フィートに当たる五・五トンのガスが生産される。ガスは微塵を含んでいるので洗浄・濾過される。そのガスの一部は高炉の余熱用、残部は発電用の燃料となる。微塵は、以前は廃棄されていたが、五〇％の鉄を含むので回収・焼結し再利用する（フォード・b、一三〇頁）。

廃棄・排出物の再利用の例

第二に、廃棄・排出物の再利用によるコストの削減である。これまでの事例にも見られるように、フォードの資源・エネルギーに対する考え方は、廃棄・排出物は可能な限り出さないこと、廃棄・排出物は再利用するということである。ここでは、廃棄・排出物の再利用の事例を見ることにしよう。まず、フォードは、廃棄物をできる限り少なくするために、廃棄物利用部門を作ったが、その活動の事例があげられている。①廃棄ベルト（日に一、〇〇〇ドル分以上）は、すべて修理されて再利用されるが、小物は、窓ふき人夫の安全ベルトや靴屋のつぎ革や底革として再利用される。②破損した工具類は全部修理され、保管される。これらの修理は全て仕様書どおりに再生される。③壊れた工具の把手は、ねじ回しやノミの把手に、つるはし、くまで、すき、ぞうきん、ほうきなどの用具類も役に立つ限り回収、ぞうきんバケツ修理に二人の作業者がいる。④古くなったペンキは一日五〇〇ガロンほど再生され、粗塗り仕事に使われる。⑤切削過程で出るキリコと油の混合物から、一日二、〇〇〇ガロンの油を回収する。⑥金属類のスクラップは、すべて再度熔解される。⑦鋳型用の砂は高価なうえ運賃も高いので、回収再利用される。⑧廃油も回収され、潤滑油、錆止めとしても使用できないものは燃料になる。⑨古い耐火煉瓦は粉砕されて再加工される。⑩写真の現像液から銀塩が回収され、その額は年に一万ドルにもなる。⑪全社から出る紙くず一日二〇トンは、工場内の製紙工場で、バインダー用の板紙一四トンと特殊防水板紙八トンになる。⑫溶鉱炉から出る一日五〇〇トンの鉱滓のうち、二二五トンはセメント製造に使用され、残りは道路用に粉砕される。セメント工場へ送られる鉱滓は、パイプをつうじて冷却した流水と一緒になることによって粒状になり、除水装置を経てコンベアで貯蔵所へ運ばれる。途中、強力な磁石の下を通過するが、その時含まれる一％の鉄を回収する。

鉄は溶鉱炉へ送られる。セメント工場に送られた鉱滓は、石灰石と三〇％以上の水で混合され、微粉末にされる。このクリーム状の混合物（スラリーとよばれる）は、空気の圧力で貯蔵桶に送られ、成分検査が行われる。その後、スラリーは回転窯に入り高熱で溶融されクリンカー状のセメントになる。そして最後に、少量の石膏を加えて粉末にされ、製品となる（フォード・b、一一七―一二一頁）。

(2) フォード資源循環論の意義

ヘンリー・フォードの資源循環論の意義は、現代の地球資源・環境問題に対して、また循環統合型生産システムの構築に対して、きわめて多くの示唆を与える点にある。

第一に、第二章で見たように、生産的消費によって生み出される製品はもとより、廃棄・排出物をも労働を価値の根源とする価値物と捉える生産哲学をもっていたことである。かつて企業は廃棄・排出物を無価値なもの、「厄介もの」と考え、その処分のために多額のコストがかかることから、放置したり外部に排出することによって環境を汚染し、生物への否定的影響をもたらしてきたこと、しかもその代償として巨大な賠償費用を負担してきたことは、公害の歴史が示すとおりである。企業は廃棄・排出物を削減するための技術開発を進めてはきたが、それはあくまでも動脈流の拡大のためのコストであった。廃棄・排出物の処分が義務づけられる現代においても、動脈産業にとっては廃棄・排出物は静脈企業によって、あるいは産廃企業によって処分されるコストでしかない。しかし漸く最近になって、自動車や電気製品のリサイクル技術の進歩、また「都市鉱山」といわれるように、廃棄物から価値の高い資源が回収されるリサイクル技術が開発されることによって、廃棄物は動脈産業との関わりの中に位置づけられようとしている。光合成技術の進歩により、遠くない将来排出炭酸ガスも資源として利用されようとしている。しかしながら、現時点では産業界全体として、動脈流と静脈流の統合、物質循環と価値循環の統合という生産システム設計はなされているとはいえないのである。

これに対して、フォードにとって生産過程からの廃棄・排出物は「厄介者」ではなかった。それは生産過程において加えられた人間労働を蓄積する価値物なのである。生産的消費過程において消費しきれなかった労働価値なのである。廃棄・排出物を無価値なものとして廃棄することは、すなわち人間労働の価値を無駄にすることであるという「無駄排除の哲学」によって動脈流と静脈流を統合したのである。それは、一方で資源の効率向上、省資源化、資源再生による地球資源の保全というエコロジーと、生産性向上、廃棄・排出物からの価値回収というエコノミーの両立を実現する理論的根拠となったのである。

第二に、フォードの資源循環の事例を図3-2と対比して見れば明らかなように、フォードが動脈流と静脈流の統合を一企業の生産システムの中に実現したことである。まず、板ガラス製造の自動化・機械化、木製ハンドルから藁を主原料とするプラスティック「フォーダイト」への転換、人造皮革の開発に見られる製品・製法のイノベーションによる新資源の開発とコストの削減の事例、木材のバイオマス発電に至る完全消費の事例、鋼材の有効利用による資源効率の向上の事例に見られる、動脈流において実践した革新事例（①）、つぎに、廃棄物利用部を創設して、工場から出るすべての廃棄物をリサイクル、リユースして労働価値（コスト）の回収をはかる静脈流の実践例（③）、さらに、木材や鉄鋼工場などから出る排出物を他の動脈流と結合して薬品や他の素材を生産する事例（④）、これらを見れば、フォードが「無駄排除の哲学」という経営哲学を根本理念として、一方でゼロエミッションによる無駄ゼロを目標とし、他方で動脈流と静脈流の物質循環と価値循環とを統合する、いわば生産システムの統合とコストの統合とを実現する循環統合型の生産システムを目標としていたことが理解できるのである。

フォード資源循環論から学ぶもの

人類の祖先が現れて数百万年。人類は、再び、環境ジレンマという大洪水の中を、新たに生きる地をめざして他の生物とともに航海するノアの箱船に乗りこんでいる。選択肢はあまり多くはないが、人間には後戻りをする選択肢はない。サスティナビリティという用語が、本来、環境と生命の調和を維持する限りでの生産活動を意味するものであったにもかかわらず、エコロジーとエコノミーとは、明らかに対立関係にある。対立すれば人類の生存が危機的になることは承知しつつも、より多くのエネルギーを求め、より多くの物質的充足を求める人類の欲望を制御する方途は見つかっていない。その意味では、大量生産体制は不可逆的な道なのかもしれない。しかし、現代大量生産体制の出発点のフォードシステムにその責任を問うたとしても、それは単なるロマンチシズムに過ぎない。むしろ、資源・エネルギーの節約・有効利用・リサイクルシステムの事例に見たように、ヘンリー・フォードの「無駄排除の哲学」は、真に経営者的視点からであったとしても、現代大量生産と資源環境問題との対立に対して、きわめて示唆的内容を有している。それは、フォードシステムにおける動脈流と静脈流の間の資源循環の理念と仕組みを、企業から地域へ、そして地球レベルで展開し、ネットワーク化することによって、サスティナビリティの本来的体制を築くことができるチャンスを意味しているのかもしれない。

第四章

戦後日本のもの作りとフォードシステム

一　戦後経済の再編とフォーディズム

生命循環・生産循環の再構築

明治維新以来「もの作り」を立国精神として先進工業諸国から技術・技法を学び工業大国への道を歩んできた日本にとって、アメリカの圧倒的な工業力による太平洋戦争の敗戦は、物質的・精神的にすべてを国家に捧げた日本人の二〇世紀最大のショックであった。日本列島の幾多の都市や町そして工場が廃墟と化し、生産手段、輸送手段、そして衣食住の生活手段はその多くが失われた。それゆえ、生命循環と生産循環の循環構造を完全に破壊された日本人にとって戦後まずなすべきことは、戦前の循環構造の再構築であった。鉄鋼を増産し、橋を作り、輸送船を建造し、鉄道を復旧し、道具や機械を生産する工場を再建し、農業生産のための肥料を生産する。また、これらに必要なエネルギー源である石炭の増産、水力電源開発、戦後の経済再建は、生産循環のインフラの再構築から開始された。政府はわずかな資金をこれらの産業に重点的に配分する（傾斜生産）政策を採用したが、結果として人々の生命循環に反映されるにはしばらく時間がかかったのである。こうして、生命循環と生産循環の循環構造が再構築されたのは日本の生産力が戦前の水準に回復した一九五五年と見て良いであろう。日本の生産構造は、日本の人々の一丸となった努力によって敗戦の痕跡を払拭し、完全雇用と生産設備の近代化を達成することによって、衣食住について最低限の充足を実現するまでに再構築された。輸入した資源を加工して製品化し、輸出によって資金を回収・蓄積する日本の生産構造である。

フォードシステムへの転換

しかしながら、日本人の生命循環は、その多くが賃金に依存することは明らかで、政府の政策の基本は、いかに日本人の生活を向上させるか、いかなる産業を興し雇用を拡大するか、そして、それを基礎にいかなる国土作りをするか、いわばエネルギー・素材産業（生産財生産）の再構築を基盤に、雇用の拡大が期待できるリーディング・インダストリーの創出をはかることであった。そして、政府が着目した産業は自動車産業と電気機器産業であった。自動車・電気製品は多くの部品から構成される裾野の広い組立加工型産業であり、したがって、素材・部品生産から製品生産まで多くの雇用が期待できる。しかしながら、これらの産業はすでにアメリカが製品技術および製造技術（フォードシステム）において世界を支配しており、わが国はその多くの技術を欧米先進諸国に依存しつつキャッチアップをはからざるを得なかった。製品技術をアメリカから導入し、生産技術はもとより、もの作りの管理の技法を来日したデミングやジュランに学び（由井浩、二〇一一年）、またアメリカの技術、生産管理技法を学ぶため多くの専門家を戦後いち早くアメリカに派遣した。後のトヨタ自動車の最高経営者となる豊田英二もフォードの工場で一カ月半の現場研修を行い、フォードシステムからもの作りの神髄を学んだといわれる。

第二章で見たように、昭和の初期にはすでにフォードシステムの研究が行われ、戦時体制におけるその重要性は産業界に十分認識されていたのであるが、システム構築に必要となる巨大なコスト負担のため、むしろ熟練の機能を重視するテイラーシステム、また戦時には生産の流れを重視したタクトシステムに依拠してもの作りが行われていた。しかしながら、日米戦争の結末の根源がフォードシステムによるアメリカの圧倒的な生産能力にあったことを思い知らされた日本のもの作りは、テイラーシステムからフォードシステムへの大転換をはかったのである。わが国企業は大量生産の原理を学び、多様な産業にその原理を適用していった。生産された価値の配分に関しては経営側と労働側の熾烈な抗争はあったものの、基本的に労使がともにこの生産体制を支持したのである。労働者側は機械化・自動化とフォード型労働を受け容れ、経営者側も日本的経営によって雇用者を厚遇したのである。

フォーディズムの導入と高度経済成長

そして、このようなフォード型大量生産体制を促進し、わが国の高度経済成長の基盤を築いたのは、一九六〇年池田内閣が導入した所得倍増政策であった。それは、組立加工型産業の重点化によって雇用を拡大し、同時に賃金の大幅な増加を促すことによって国民の購買力を増加させ、その購買力が企

表4-1　実質経済成長率

年	実質経済成長率（年率%）
1955〜1960	8.8
1960〜1965	9.2
1965〜1970	11.1
1970〜1975	4.5
1975〜1980	4.4
1980〜1985	4.3
1985〜1990	5.0
1990〜1995	1.4
1995〜2000	0.8
2000〜2005	1.2
2005〜2010	0.3

出所：『労働経済白書』平成25年版、236頁より作成

業の成長を可能にする。しかも、結果として税収が増加し、それを原資に国民の福祉の向上をはかるという福祉国家構築をめざす経済の好循環政策であった。この政策は政労使一体の日本的経営として展開されたが、それはまさにフォーディズムの実践そのものであった。

こうして、わが国の戦後経済は、石油危機に至る十数年の超高度経済成長を経験することになった。表4-1によれば、一九五五年―六〇年八・八%、一九六〇年―六五年九・二%、一九六五年―七〇年一一・一%と、近年の経済成長率とはおよそ比較にならない高成長を経験したことがわかる。また、表4-2によってこの高成長期の具体的内容を見れば、石油重化学工業発展の基盤である粗鋼生産高、原油の輸入量はもとより、日本の工業発展を牽引した自動車生産・電気（子）機器生産、そしてその基盤技術である工作機械生産の巨大な発展過程が読み取れる。自動車生産は一九七〇年には一九六〇年の一一倍になるという生産増加で、わが国の六〇年代のモータリゼーションを実現した。また電気（子）機器は、一九五〇年代後半からの冷蔵庫、洗濯機、白黒テレビ、トランジスタラジオ、テープレコーダーなどの普及に始まり、一九六〇年代にはこれにVTR、電卓、そしてカラーテレビ、クーラーなどが加わり、文字どおり「生産立国」日本

表4-2　戦後日本の生産動向

	鉱工業生産指数 2010年＝100	工作機械生産台数 台	粗鋼生産 千t	原油輸入量 千kl	自動車生産と(輸出) 千台	民生用電子機器生産と(輸出)(輸入) 億円
1950		4,039	4,839	1,541	32(6)	18(-)
1955	6.4	18,147	9,408	8,553	69(1)	253(3)
1960	13.4	80,143	22,138	31,116	482(39)	2,414(573)(2)
1965	23.3	90,359	41,161	83,280	1,876(194)	3,447(1,511)(16)
1970	48.0	256,694	93,322	195,825	5,289(1,087)	14,658(5,870)(49)
1975	51.8	88,108	102,313	262,806	6,942(2,678)	15,605(8,755)(184)
1980	71.7	178,890	111,395	256,833	11,043(5,967)	28,140(20,471)(382)
1985	84.9	175,238	105,279	198,330	12,271(6,730)	47,615(38,055)(237)
1990	105.8	196,131	110,339	228,760	13,487(5,831)	41,540(26,178)(1,131)
1995	101.2	100,293	101,640	266,921	10,196(3,791)	24,400(13,133)(3,333)
2000	105.9	90,916	106,444	250,578	10,141(4,455)	22,214(15,309)(5,301)
2005	106.7	92,385	112,471	245,186	10,800(5,053)	25,592(16,886)(7,812)
2010	100.0	74,718	109,599	215,381	9,629(4,841)	23,957(9,172)(10,223)

出所：『経済財政白書』平成26年版、『日本国勢図会2012/2013』より作成

表4-3　雇用・賃金と消費者物価

年	就業者数 万人	雇用者数 万人	完全失業率 %	現金給与伸び率(%)	消費者物価指数前年比(%)
1955	4,090	1,778	2.5	6.0	−1.1
1960	4,436	2,370	1.7	6.9	3.6
1965	4,730	2,876	1.2	8.6	6.6
1970	5,094	3,306	1.1	17.3	7.7
1975	5,223	3,646	1.9	14.8	11.7
1980	5,536	3,971	2.0	6.3	7.7
1985	5,807	4,313	2.6	2.8	2.0
1990	6,249	4,835	2.1	4.7	3.1
1995	6,457	5,263	3.2	1.8	−0.1
2000	6,446	5,356	4.7	−0.3	−0.7
2005	6,356	5,393	4.4	1.0	−0.3
2010	6,298	5,500	5.1	1.0	−0.7

出所：『経済白書』平成9年版（現金給与伸び率1970年まで）および『経済財政白書』平成26年版より作成

を代表する産業に成長した。こうして、鉱工業生産は一九五五年から一九六五年の間に実に三・六倍になり、一九六八年にはGNPでアメリカに次ぐ世界第二位という驚異的経済発展を実現したのである。

重要なことは、これら組立加工型製品の開発・生産が日本国内で行われたことである。それが膨大な雇用の拡大を牽引したこと、また高度経済成長と日本的経営の中で賃金の大幅な上昇を保証したことは明白である。雇用・賃金の増加の推移を表4-3で見れば、雇用は一貫して完全雇用の下に増加し、一九五五年から一九六五年の間に一、一〇〇万人増加したことがわかる。また、現金給与伸び率を見ると、消費者物価指数を差し引いても六〇年代にきわめて高い賃金上昇があったことがわかる。言いかえれば、日本人の生活水準は一九六〇年代に飛躍的に向上したのである。

以上のように、戦後の経済再建と高度経済成長は、フォーディズムとフォードシステムとを基盤として形成された日本的大量生産体制によるものであった。またその条件は、日本資本主義の後発性に基づく経済発展の「のびしろ」の大きさ、戦後再編に対する政労使一体のひたむきな努力にあったといえるであろう。

そして、このような日本的大量生産体制は、一九七三年の石油危機に端を発する世界的な経済停滞とフォーディズムからの欧米の離脱という状況においてもなおその威力を発揮し、ソニーを始めとして世界に先駆ける製品開発、トヨタを始めとする製法革新など、日本のもの作り体制は、一九八〇年代にはその製品・製法が世界を席巻するほどにまでに発展し、日本はもの作りのリーダーとしての国際的地位を確立したのである。

二　フォーディズムと日本的経営

フォード企業目的論の意義

本書冒頭の「まえがき」において、企業は国家国民の利益のために機能する「社会機能体」であるか、市場社会の経済原理にもとづく「市場機能体」であるか、企業は何のために誰のために機能するのかを問題にした。そして第一章においてフォードの経営目的がその社会的機能にあることを明らかにした。歴史的に見れば、フォードが活躍した二〇世紀初頭のアメリカでは、すでにもの作りは金儲けの手段となり、金銭的価値の蓄積者が社会の勝利者と評価される時代を迎えていた。それゆえ、フォードの自動車生産の目的が国民の生活・福祉の向上にあり、企業は社会の発展のために貢献する社会機能体であるとする考え方のもつ意味はきわめて重要である。なぜなら、近年、企業の社会的不正が横行する中で企業の社会的責任論が議論され、企業の社会貢献活動が喧伝されているが、見方を変えれば、それは現代資本主義がますます拝金主義的価値観を増幅させていることの裏返しと言っても良いからであり、格差のない豊かな社会作りをめざす社会機能体としての本来的企業目的について議論することの重要性を再認識させるからである。第二章で見たように、フォードは、利益の一部を社会に還元する慈善的企業行動を否定した。身体障害者雇用にしても、それは慈善でなく明確な経済合理的な根拠を持っていたのである。フォード企業目的論の意義は、経営の目的そのものを社会の利益においたことにある。企業の利益は結果として生ずるものであり、またそれは次の企業発展の原資として位置づけられたことである。そしてさらに重要なことは、このような経営が資本主義の原理のもとで可能であることを証明したことであった。

社会機能体と日本的経営

それでは、社会的利益を優先する社会機能体という視角から日本の企業社会を見た場合、そこにいかなる特質を見出すことができるであろうか。周知のように、戦後の日本企業の経営は日本的経営として特徴づけられている。日本的というのは、欧米とは違って日本に特徴的な企業理念、あるいは経営の方法があるということである。「三種の神器」（終身雇用、年功序列、企業別労働組合）といわれる労使一体型労働システム、経営者主導による全部門全員参加の日本型品質管理、稟議制度によるボトムアップ型合意形成、株式の持ち合いと企業連携、閉鎖型企業統治、階層化された下請け制度などの経営システム、企業システムを総称して日本的経営といっている。このような特質がどのようにして生まれたのかについては議論があるが、筆者は、その根底には徳川時代に形成された藩・村・家という共同体の一員としての、個人に価値をおくのでなく共同体（組織）に価値基準をおく精神構造（共同体的集団主義）があって、明治期以降形成された企業社会にこうした社会的価値観が持ち込まれ、それが戦後の経済的社会的条件の下において「共同生活体」（津田真澂、一九七七年）としての日本的経営を形成したものであると考えている。すなわち、企業は共同社会の経済機能をはたす社会機能体であるとする考え方が日本的経営の根底にあるということである（坂本・e）。フォードの社会機能体論との違いは、フォードの考え方は西欧型の個人に価値基準をおく社会機能体論だということである。

日本的経営が社会機能体論にもとづいているということは、現在でも日本企業の社是などの企業理念、経営理念に端的に現れている。最も典型的な例はオムロンの基本理念「企業は社会の公器である」に見られる。オムロンの工場に行けばどこにも大きく掲げられている。ＹＫＫの「ＹＫＫ精神」の中でも「企業は社会の重要な構成員であり、（中略）その利点を分かち合うことにより社会からその存在価値が認められるものです」とある。また、大丸の「先義後利」も社会の利を優先する経営理念である。さらに、最良の製品を作って消費者に提供し、もって社会の発展に寄与することを経営理念とする日本企業はきわめて多い。いずれにしろ、日本企業には、社会の一員としての企業の位置づけがあることがわかる。こうした共同体としての企業理念の下において、一方で従業員の会社への忠誠心の高揚、他方で雇用・給与の安定などの、労使一体の価値作りと蓄積の日本的経営体制が、戦後の高度経済成長の組織的条件となったのであり、輸出入のバランスのとれた欧米へのキャッチアップ型生産構造によって、日本経済は市場と社会の調和的発展を実現したのである。言いかえれば、戦後の日本の高度経済成長が先進資本主義の中で際だっていた理由の一つは、フォーディズムに対する組織的親和性があったことであろう。

日本的経営の変質と市場機能体

しかしながら、日本的経営の発展は、同時にそれを形成した諸条件とは異質の諸要因の蓄積過程であった。第一に、戦後アメリカ型「資本主義の精神」（マックス・ウェーバー）が次第に浸透し、市場機能体としての企業理念・企業行動が企業競争の激化とともに社会機能体理念との対立的要因として蓄積したことである。それは、世界最高水準の製品技術・製造技術にもとづく日本の経済発展によって、社会機能体としての企業社会の意義が薄れる過程であった。第二に、戦後一貫して行われた個人を尊重する教育によって培われた西欧型価値観が、組織への没入を忌避する労働者を育成し、日本的経営を支えた日本的精神構造が変質を始めたことである。ただし、日本の個人主義は、個人が社会を形成する責任主体と考える西欧型個人主義でなく、集団主義における個人の尊重、いわば利己主義を助長したことである。また、賃金水準の向上が人々の個別的生活欲求の追求を可能としたことによってその変質を促進したともいえるであろう。このような矛盾を蓄積しながらも、社会機能体としての日本的経営は二度の石油危機、プラザ合意後の超円高という外的条件に対しても抵抗力を発揮したのである。

三　フォードシステムとトヨタシステム

(1)　トヨタシステムの原点

アメリカからもの作りの技法を学ぶ産業界の努力は、すでに一九〇〇年代初頭からテイラーシステム研究として始められたが、一九一三年、星野行則『学理的作業法』（崇文堂）が出版されると、テイラーシステムへの産業界の関心はいっそう高まっていった。そして、一九二〇年代にはいると「能率展覧会」が開催されはじめ、一九二四年出版の『能率展覧会誌』（能率展覧会総務部）にはテイラーの高弟C・バースを講演に呼んで大阪で開催された「能率展覧会」における福助足袋など多くの実践例が紹介されている。欧米に比べ技術力が低く、進歩した機械類もなく、またそれらを購入する資金にこと欠く日本の産業界にとっては、テイラーシステムは人間の労働能力を組織化することによって生産の増強をはかることのできる優れた生産技法として映ったにちがいない。

一九二〇年代に入ると産業界の注目はフォードシステムにも向けられた。そして一九二五年、一九二七年に相次いで操業したフォードとGMの日本工場の実態を見るにおよんで、産業界の関心が労働と機械類をシステム化することによって大衆自動車を流れるように大量生産するもの作りのしくみに向けられたことはいうまでもない。大野耐一『トヨタ生産方式』によれば、豊田佐吉は、日本にも大衆乗用車時代が到来することを予見し、自動車生産の夢を息子である喜一郎に託した。トヨタ自動車工業の初代社長豊田喜一郎は、フォードシステムをはじめとする欧米のもの作りシステムの研究をつうじて、フォードシステムの「弁証法的な発展」（大野、一六六頁）としての自動車の「ジャストインタイム」生産をめざしたのである。大野はトヨタシステムの「二本柱」である「ジャストインタイム」と「自働化」について、後者は佐吉の自動織機を、前者は喜一郎の生産システム理念を原点としているとのべている。

また、和田一夫『ものづくりの寓話』（二〇〇九年）は、ハウンシェルなどの研究に依拠しながら、フォードシステムの展開過程とその特質を詳細に分析し、その上でフォードシステムが日本のもの作りにどのようなインパクトを及ぼしてきたのか、これをトヨタシステムの形成過程をテーマに、戦時体制下のもの作り、戦後の日本産業のもの作りの発展過程を論じた大著である。本著を読めばトヨタシステムがどのような日本的条件の下にフォードシステムの実現をはかり、また日本型といえる生産システムを形成してきたのか、豊田喜一郎にはじまる苦難に満ちた「ジャストインタイム」生産実現の過程を知ることができる。

トヨタシステムの形成過程については、これらの文献だけでなくトヨタ自動車社史をはじめ多くの研究・文献で見ることができる。またトヨタシステムにおけるもの作りの原理・体系についても数限りない文献・資料で読むことができる。それゆえ、本書のトヨタシステム分析にとくに新規なものがあるわけではないが、フォードシステムの「弁証法的な発展」の成果としてのトヨタシステムが、フォードシステムから何を受けつぎ何を革新したのか、石油危機後の日本の産業界のデファクトスタンダードとして、さらに後には「リーン生産システム」として世界に認められるその生産原理とはいかなる特質を持つものなのか、言いかえれば「生産システムの進化」を画するその特質について考えてみたい。

(2) 大野耐一によるフォードシステムの「先見性」評価

大野は『トヨタ生産方式』において、「フォード・システムの真意」という章をもうけ、「近代工業における自動車生産の基本はフォード自らが実践してくれた大量生産方式である」(大野、一七一頁)とし、「私は、もしもアメリカの自動車王のヘンリー・フォード一世がいま生きていたら、私どもが取り組んできたトヨタ生産方式と同じことをやったにちがいないと思う」(同、一七八頁)と、フォードの「先見性」を最大限に評価した上で、フォードシステムについてつぎのように論じている。

『標準化』という問題にしても、企業における『ムダ』のなんたるかを論じるにしても、フォード一世のものの見方は、オーソドックスであり、普遍性をもっている」(大野、一七八頁)として、フォードのもの作りの根本的な考え方を積極的に評価する。その一つが、フォードの「無駄排除の哲学」である。「トヨタ生産方式は徹底したムダ排除の方式である。ムダを排除することによって生産性を高めるのである」(大野、九七頁)。この無駄排除という生産革新のための根本理念は、第二章で大野の引用として見たように、まさにフォードの基本的な考え方である。大野があげる「七つのムダ」、すなわち、「つくりすぎのムダ、手待ちのムダ、運搬のムダ、加工そのもののムダ、在庫のムダ、動作のムダ、不良をつくるムダ」、これらの無駄を排除するために作りあげたのがトヨタシステムの諸技法であると言って良い。また、第三章で論じた廃物利用に関するフォードの考え方、現場主義に根ざす「進歩のための標準」という考え方にも「同感」（大野、一八四頁）している。さらに、本書第一章で引用したが、「産業の終着点は、人々が頭脳を必要としない、標準化され、自動化された世界ではない。その終着点は、人々にとって頭脳を働かす機会が豊富に存在する世界である。なぜなら、そこでは人間は、もはや朝早くから夜遅くまで、生計を得るための仕事にかかりきりになるというようなことはなくなるだろう。（中略）産業の真の目的は、この世の中をよくできた、しかも安価な生産物で満たして、人間の精神と肉体を生存のための苦役から解放することにある」（フォード・b、九九―一〇〇頁）というフォードの産業の目的・理念について引用し、「ここには、ヘンリー・フォード一世の先見性がはっきりと出ている。そして、フォードとその協力者たちの発明し開発したオートメーション・システムというか、『流れ作業』がけっして、機械が人間を振り回し、人間疎外を引き起こすことを意図したものでないことがわかる」（大野、一八四―一八五頁）とフォードシステムを高く評価するのである。

つぎに、大野はフォードシステムとは「流れ作業による大量生産方式である」（大野、一七一頁）として、フォードシステムとトヨタシステムの本質的な特質としての流れ作業方式を比較している。「ヘンリー・フォード一世たちの『流れ作業』の発想と展開の過程をたどるとき、最終工程である組立ラインの流れ作業から、すべての工程にわたって、すなわち前工程にあたる機械加工からプレスにいたるまで、流れをつけて生産するのが本意ではなかったかと思う。最終の組立ラインだけでなく、全工程につながるような流れをつくって、生産のリードタイムを短くする。そのようなことを頭に描きながら、フォードは『同期化』という言葉を使ったのであろう」（大野、一八五頁）と、生産に流れをつくることの重要性、それを実現しようとしたフォードの「意図」を高く評価している。しかし、つづいて、「なにごともそうだが、創造した人間の意図がどんなに立派なものでも、それがそのまま展開されていくとはかぎらない。（中略）ヘンリー・フォード一世の後継者たちは、必ずしもフォードの意図した生産の流れをつくらなかった。機械加工も、プレスも、流れをせきとめてダムをつくるような、『ロットは大きければ大きいほどよい』という考え方を定着させてしまった」（大野、一八五頁）と、フォードシステムの弱点はフォード本人がめざしたものでなく、後継者たちがフォードの理想から逸脱したことにその責任があるとのべている。

そして、「トヨタ生産方式もフォード・システム同様、流れ作業を基本にしている」（大野、一七四頁）が、「ロットを大きくして量をこなし、各所に手持ちの在庫を必要とするフォード式に対して、トヨタ式はそれら在庫から生ずる恐れのあるつくり過ぎの無駄、それを管理する人・土地・建物などの負担をゼロにしようという考え方」（大野、一七五頁）であり、そのためには「必要な部品が、必要なときに、必要な量だけ、最終組立工程の各ライン・サイドに到着する」（大野、一七五頁）ジャストインタイム生産でなければならない。これをシステム化する目的で「かんばん」方式を導入し、後工程が前工程へ必要な部品を取りに行き、前工程は後工程が引き取った量だけ生産するのである。(1) しかしながら、引取量が定量でないと生産にばらつきがでるため、常に定量生産できるようにする。これが「平準化」生産であり、生産ロットを可能な限り小さく、最終的には部品を一個一個つくる「一個流しの同期化生産」が平準化生産の目標であるとしている。また、ロットを小さくすればどうしても金型の段取り替えの回数が増えるのであるが、その時間の無駄を限りなく小さくし、平準化生産を維持するために段取り替え時間をかつて数時間かかっていたものを数分でできるように改善したのである。大野によれば、一九七〇年代にはGMもフォードもこのようなジャストインタイム生産、平準化生産には取り組んでいなかったという。こうして、フォード型少品種大量生産方式とは異なる「多種少量で安くつくることのできる方法（中略）多種大量であればなおさら結構である」（大野、五頁）というプル式（引っ張り方式）ジャストインタイム生産方式（以下ＪＩＴシステム）を作りあげたのである。[2]

以上のように、大野はトヨタシステムの源流としてのフォードシステムの目的、ヘンリー・フォードのもの作りの根本理念を高く評価し継承するのであるが、それでは、大野が「弁証法的発展」とするジャストインタイム生産方式は生産原理にいかなる革新をもたらしたのかを検討しよう。

(3) トヨタシステムと生産原理の革新

トヨタシステムの二つの課題

一九七三年の石油危機を契機として、先進資本主義諸国の「黄金の六〇年代」体制は終焉した。それは、一方でフォード型大量生産体制を支持した市場の崩壊、すなわち、少品種大量生産・大量消費を支えた大衆市場の崩壊であり、他方でテイラー型労働強制、フォード型疎外労働との「調整」体制、すなわち、高賃金の保証を条件としてこれら労働条件を受け容れる労使体制の崩壊であった。

こうして、生産システムの歴史的発展段階として、トヨタシステムには二種類の課題が課せられていた。第一に、社会的ニーズの量的・質的変化への対応として、販売量の変動と消費者ニーズの多様化、すなわち市場変動に対する生産の量的・質的フレキシビリティの向上と、国際競争力（価格競争力＝コストと非価格競争力＝品質、納期）の向上とを同時に実現するという課題であり、第二は、テイラーシステム、フォードシステムの熟練の機能、分業の機能における労働の矛盾、すなわち現場労働者に対する労働強制、労働疎外からの脱却をはかるという課題である。トヨタシステムの歴史的意義はこれら二つの課題を生産システムに統合しようとしたこと、いわば熟練の機能、分業の機能が有する本来的機能の実現をはかることを生産システムの目的としたことである。

トヨタシステムは、情報技術の発達と日本的労働・社会システムとを背景としつつ、二つの生産原理の革新によって「弁証法的発展」を実現した。一つが「工程原理の革新」であり、いま一つが「作業原理の革新」である。

工程原理の革新

第一に、工程原理の革新は、市場ニーズの多様化に対応する生産の量的・質的変動の下での生産工程全体の円滑な流れを確保する「フレキシブル同期化の原理」と、多品種小ロット生産が求められる

図4-1　最終組立工程のJIT

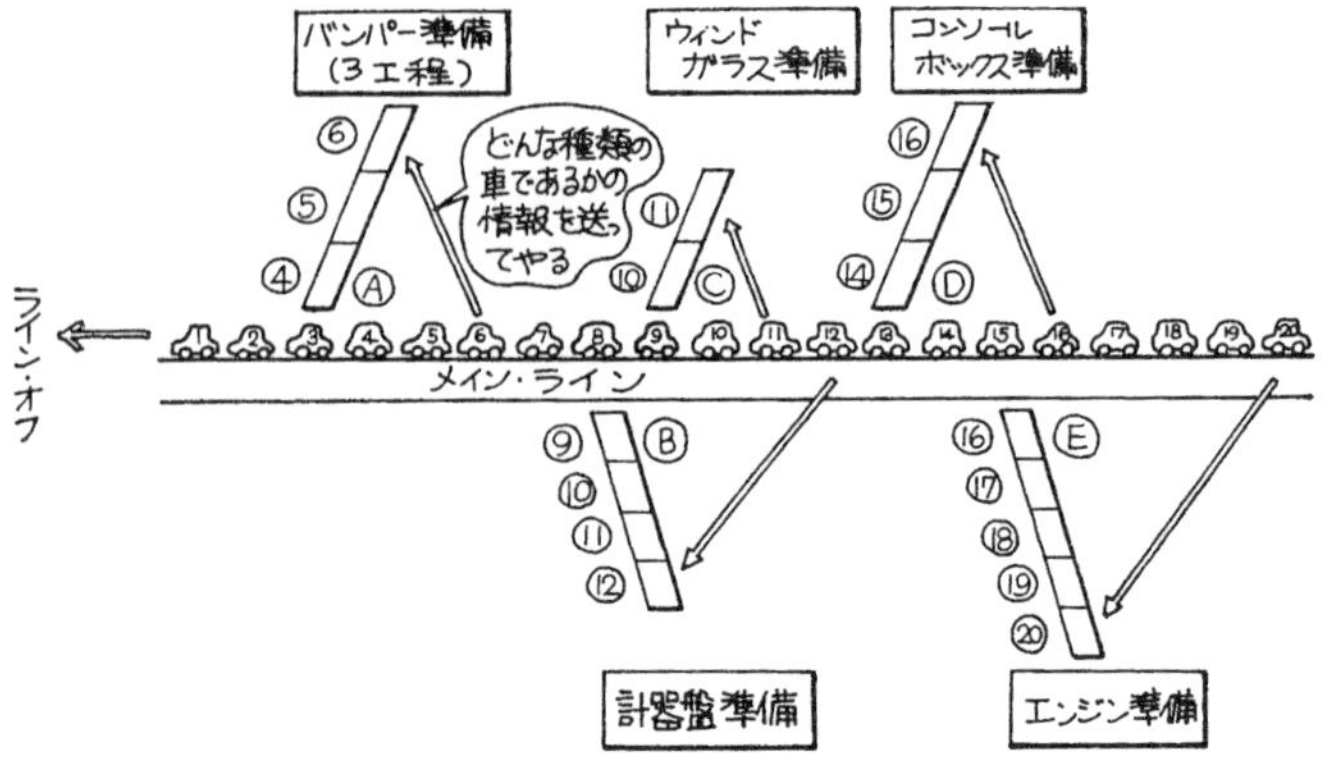

出所：大野耐一『トヨタ生産方式』88頁

生産工程の質の維持と効率性とを確保する「フレキシブル効率化の原理」の組み合わせによって実現した。

フレキシブル同期化の原理は、生産工程の円滑でよどみのない流れを実現するJITシステムの原理である。これを大野の解説に基づいて、「生産指示表」と「かんばん方式」という、物と情報のシステム制御の方式によって説明しよう。まず、最終組立ラインでは、図4-1に見られるように、メインラインの第一工程で生産指示表がはり付けられる。その生産指示情報に基づいて組付け部品サブラインの工程数に応じて前もって生産指示情報が伝えられる。その結果組付け部品がジャストインタイムにメインラインに到着する。メインラインとサブラインの間の情報のシステム制御によってフレキシブルに多品種生産に対応できるのである。

つぎに、「かんばん方式※」についてである。これは部品の在庫量と部品の生産開始情報とを制御するシステムである。フォードシステムの場合、物の流れ（部品・仕掛品）と情報の流れ（生産指示情報）とはシステム原理として一致している。物と情報は機械的・強制的に一体のものとして川上から川下へ流れる。これがフォード式同期化生産（押し出し方式）である。それは、システム全体が一〇〇％円滑に稼働する条件がある場合にはもっとも効率的である。しかしながら、生産量・品種の変動などの生産条件の変化がある場合はもちろんのこと、機械の故障、部品の欠陥、あるいは労働者の作業能率のアンバランスなどからも稼働率が一〇〇％確保される保証はない。ましてや、工程の途中でのトラブルは在庫、全体工程の停止など多くの無駄を発生させる。

図4-2　かんばん方式による部品生産システム

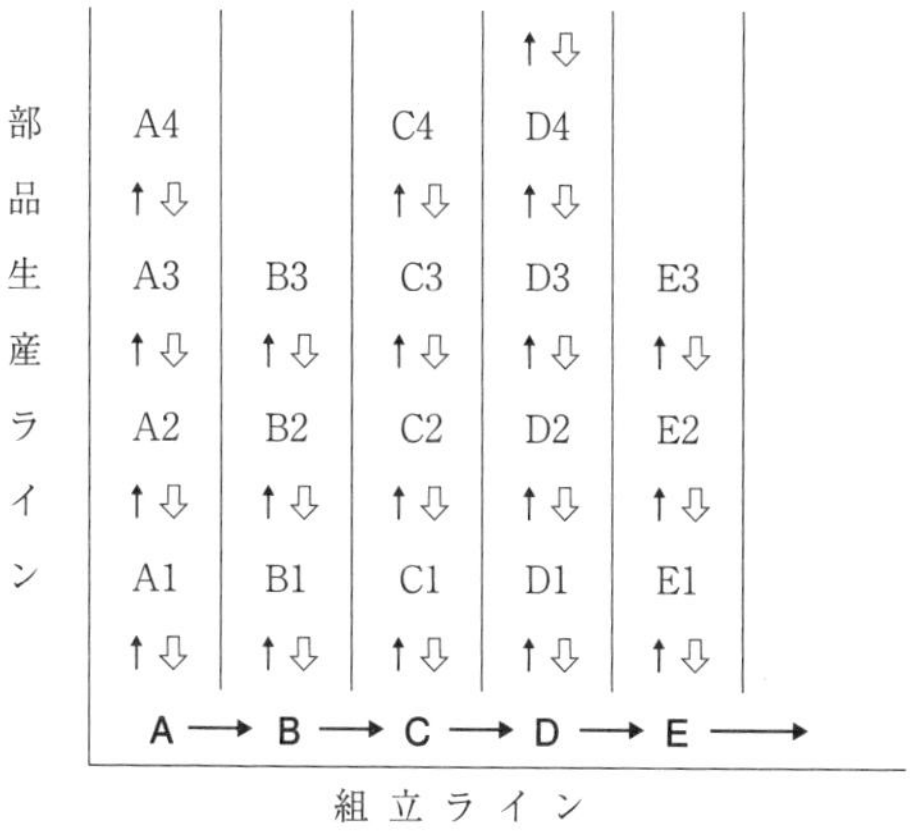

↑：生産指示情報の流れ　⇩：加工部品の流れ

出所：筆者作成

こうして、最終組立工程を円滑に稼働させるためには部品の作り置きが欠かせない。

これに対しＪＩＴシステムでは、「物の流れ」と「情報の流れ」とを分離し、受注を出発点として、生産指示情報は川下から川上へ、「物の流れ」は川上から川下へ流れる、いわゆる「必要な物を、必要なときに、必要な量を」生産する「引っ張り方式」を採用した。これは「物の流れ」と「情報の流れ」をシステム制御する「かんばん」によって制御されるが、それは、下請け工程を含め、最終組立工程の生産の質・量の変化にフレキシブルに同期化することによって「生産のよどみのない流れ」を実現した（図4-2）。また、「生産のよどみのない流れ」を維持するために、個別工程の生産の停滞を最小限にする工夫がなされた。小ロット混流生産にともなう段取り替え時間を削減して生産の停滞を防止する工夫、他工程の生産停滞が明示される「目で見る管理」（アンドン）の採用、サイクルタイム方式と標準作業による全工程の作業量と全労働力量との関係での作業速度の決定、チーム制労働による応援システムなどである。

※　かんばん方式は、原理的に、引き取りかんばんと生産指示かんばんという二種類のかんばんによって運用される。それは、①使用部品箱に部品がなくなると、部品箱とそこに付いている引き取りかんばん（搬送情報）を部品置き場にもって行く。②部品置き場にある同一の部品箱についているかんばん（生産指示かんばん）と引き取りかんばんを交換して持っていった引き取りかんばんを新しい部品箱に付けて現場に戻る＝搬送情報が生産指示情報に入れ替わる＝「物の流れ」と「情報の流れ」の分離。③取りはずされた生産指示かんばんを前工程にもって行く＝生産指示情報が前工程に伝えられる。生産指示情報は後工程から前工程に生産部品とは逆の方向へ流れる（「物の流れ」と「情報の流れ」の逆進性）。④生産指示かんばんにしたがって生産された部品は生産指示かんばんとともに前工程から後工程に搬送される（「物の流れ」と「情報の流れ」の同時性）。このように、かんばん方式は、「物の流れ」と「情報の流れ」の分離・統合のシステムとして理解できる。

しかしながら、石油危機後の市場ニーズの多様化に伴う多品種変量生産にＪＩＴシステムはどのように対応したのであろうか。フレキシブルな生産の量・質の変動に対して「生産の凸凹のない流れ」

を実現しつつ「生産のよどみのない流れ」を維持したのが「フレキシブル効率化の原理」、すなわち多品種変量生産と生産の「平準化」を同時に実現する原理である。フォードシステムがライン・バランスを軽視した最大投入量と最大産出量による大量生産をめざしたのに対して、トヨタシステムは、多品種変量生産の効率性を向上させるため、投入資源の徹底した無駄（労働力、機械設備、情報）の排除すなわち極小投入量と、産出量の無駄（造りすぎ＝在庫、不良品生産）の排除による極大産出量との比率＝効率の極大化（リードタイムの極小化）をめざした。それは、「生産の凸凹のない流れ」すなわち生産の「平準化」によって最大化する。このため、①多品種変量生産を平準化するために、製造ロットを細分化し、多品種小ロット混流生産方式を導入して、月・旬・週・日を単位とした生産計画をたてる。②個別工程における投入資源の最大効率を確保する理念、すなわち「自働化」（働きのない作業＝無駄を自動排除）の原則に基づいて工程の極大効率化をはかるシステムを導入する（ポカヨケ、フルワーク・システム、U字型ラインと多工程持ち、少人化）。こうして、トヨタシステムは、「一個流し生産」を目標とする平準化生産によって生産のフレキシビリティとともにリードタイムの短縮による徹底した生産性の向上＝コスト削減を実現したのである。

作業原理の革新

第二に、生産工程は、機械技術の進歩とともに、労働内容の変化をともないつつ複雑化・自動化・連続化・統合化の水準を高めてきた。しかしながら、それは同時に、細分化・単純化した労働の強制的連続作業として、個別作業に責任を持つ個人の集団作業としての作業方式を促進した。そして、フォードシステムにおける作業の固定化・無内容化は労働者の技能形成のチャンスを減らすとともに労働意欲を減退させる。トヨタシステムは、作業の原理を根本的に変更し、①共同性原理、②多能性原理、③自律性原理という三つの原理に基づく作業原理の革新を行った。

共同性原理は、ライン作業の連続性・統合性に対応した原理で、作業工程の共同責任制、すなわち、コスト・品質は全社員の共同責任において「作り込む」という思想の下に、製品・作業工程の改善を現場レベルからそれぞれの責任において行うというボトム・アップ方式によって、品質改善、コスト削減を達成しようとする原理である。不良品チェック、工程異常への現場対応、工程改善などを現場レベルの共同責任（チーム労働）とし、QCサークル、応援などの組織的体制が作られた。多能性原理は、連続作業工程において労働者の多様な労働能力をできるだけ有効に利用するための原理で、単工程反復労働という固定的なフォード的労働方式から、細分化された標準作業（単工程最短時間）のフレキシブルな複合（サイクルタイム）によって多工程反復労働（たとえばU字型ライン労働）を求めるものである。ただし、労働における多能性の要求とはいえ、フレキシブル効率化の原理に基づいて単純作業の組合わせにとどまっているといえる。最後に、自律性原理は、工程改善における現場労働者の自主性を尊重し、その創造能力を求める原理である。それは、QCサークルによる改善活動を媒介に展開されるが、自主的・協同的行動（チームワーク）が工程改善に反映し評価されるというシステムをつうじて、労働者の疎外化労働からの解放、参加を通じた動機付けと満足感を高めるものである。

こうして、トヨタシステムは、一方でフォードシステムの標準化された分業の機能をフレキシブルに止揚する、いわば「柔軟統合型生産システム」を実現すると同時に、熟練の機能の標準化というテイラーシステムを継承しつつ、「構想」と「実行」の統合をある程度回復することに成功した。それは部分的にせよ自律的労働、労働疎外からの解放を可能とする「機能」を有することになった。そして、これらの生産原理の革新が、石油危機後の国際競争関係の下での日本型生産システムの国際的優位性を実現することになったのである。

四　おわりに

以上のように、本章では、戦後のわが国の経済発展に対するフォーディズム、フォードシステムのインパクト、フォーディズムと日本的経営の親和性、フォードシステムの「弁証法的発展」としてのトヨタシステムという三つの論点からフォードシステムの積極的意義について論じてきた。重要なことは、フォーディズム、フォードシステムから戦後学んだその「エートス」をどのように現代に生かすかということである。一九九〇年代初めのバブル崩壊に始まる日本経済の長期停滞とフォーディズムの破綻、日本的経営から「新日本的経営」への変質、また、一九八九年一一月九日の「ベルリンの壁の崩壊」を契機とするグローバリゼーション、ICT革命の大波、さらに人類の生存そのものが問われる地球環境問題への対応など、二一世紀の新たな課題に対する企業経営のあり方、国の経済政策のあり方を考える場合、もう一度その「エートス」を見直す価値があるのではないかということである。確かに、現代のアベノミクスは池田内閣と同様に経済の好循環政策、いわば、フォーディズムを追求している。政府は産業界に対して購買力の源泉としての賃金の引き上げと雇用の拡大を強く求めている。しかしながら、企業の多くは市場機能体として株式価値の増加を求め、非正規雇用の増加と実質賃金の減少によって働く者の生活は不安定になり、企業への帰属意識も労働意欲も減退している。また、自動車産業とともに雇用の柱であった電機産業の崩壊状況、中小企業を巻き込んだ生産部門の海外移転など、雇用の増加を見通せる環境がなくなりつつある。政府の政策も、新自由主義にもとづく福祉政策の後退、財政悪化に対する増税政策など、池田内閣時代とは正反対の政策を展開している。

「一〇年で国民の所得を二倍にする」という池田内閣の経済政策のもつ意義は、フォーディズムの「誰のために自動車を作るのか」という「エートス」と重なるところにある。企業は誰のために経営するのか、国は誰のために政策運営をするのか。大衆のために、大衆の生活向上のために自動車を作るということと、国民の生活向上のための政策作りをするというその「エートス」の重なりにフォーディズムの本質を見出すのである。

（1）ジャストインタイム生産については、第二章でフォード自身もジャストインタイム生産を目指していたとのべたが、アルフォードの見解にもあるように、「資材使用の最高能率は、必要な品質および状態の資材を、必要な量、必要なときに、必要な場所に供給することによって得られる」という方式のジャストインタイム方式、すなわち、生産計画にもとづいて資材をジャストインタイムに供給する方式でプッシュ式ジャストインタイム（押し出し方式）といわれる。これに対してトヨタのジャストインタイムはプル式ジャストインタイム方式（引っ張り方式）である。

（2） ただし、和田は、豊田英二の一九五〇年のフォード研修の報告として、フォード工場では当時すでに混流生産が行われていたという記述を『トヨタ自動車三〇年史』から「発見」している。それゆえ、そこではすでに多品種大量生産が行われていたと考えざるを得ない。

あとがき

石油危機は人間労働のあり方に関する二つの論争を提起した。一つは、テイラーシステムによる「構想」と「実行」の分離、およびフォードシステムによる労働の「無内容化」によって人間労働の質は「衰退」するというブレイヴァマン・テーゼ（ブレイヴァマン、一九七四年）に端を発する労働過程論争、いま一つは、「調整」体制崩壊後の労働のあり方、「テイラー＝フォード主義」とは質を異にする労働のあり方、生産システムとは何かに関するポスト・フォーディズム論争である。これらの論争は、具体的には、いわば「労働の人間化」にかかわる、人間労働は本来いかにあるべきか、生産システムの進化は労働の内容を豊かにしたかという、人類共通の目標に対する歴史的評価をめぐる論争であった。アメリカ・モデル、ドイツ・モデル、スウェーデン・モデル、イタリア・モデルとともに日本モデルが議論の対象になったが（宗像・坂本・貫、二〇〇〇年）、石油危機後のジャパナイゼーションの国際的動向を背景に日本モデルに大きな注目が集まった。しかしながら、その評価は一様でなく、一方で「リーン生産システム」としてその高能率システムが高く評価され、また労働の質の面からもそのフレキシビリティがフォードシステムを止揚するものとして評価されたが、他方ではその労働のあり方が「ウルトラ・フォーディズム」であるとしてポスト・フォード主義ではないとする批判的見解も見られた。こうして、トヨタシステムを代表とする日本型生産システムはポスト・フォード主義かという国際的議論が展開されたのである（加藤・スティーヴン、一九九三年）。

本書では、前述のように、トヨタシステムがポスト・フォーディズムの「機能」を「ある程度」有していると評価した。しかし、それは大量生産体制に内在する本質的諸矛盾を解消したという意味ではない。大量生産体制のグローバルな展開の中で、人間労働はさらなる諸課題に直面している。しかし、筆者の素朴な問題意識からすれば、これらの議論がフォーディズム、フォードシステムの否定から出発するのでなく、テイラーやフォードがめざした労働の世界、人類の世界とはどのようなものであったのか、それが歴史的な社会的・経済的規定性の中でどのような矛盾を内包したのか、トヨタシステムはその矛盾にどのように対応し止揚しようとしたのか、そして人間労働に残された課題、新たに付け加えられた課題とは何であるのかを問うべきだということである。そして本書ではこれを「もの作りの三つの基本命題」として議論したのである。

人類は機械文明の恩恵の中でその物質的豊かさを謳歌してきた。しかしながら、人類は、現在の豊かさが、自然と人類の英知とを結びつけた労働の結晶であることを忘れている。物質が天空の彼方からの無限の循環として獲得できるのではないかと誤解している。それが、世界的な広がりの中で展開される労働の過程―地球資源の大量消費の過程―の結果であることを再認識すること、そして、労働の豊かさの中に生命の輝きを再認識することが、これからの人類のさらなる発展の原点なのである。

最後に、本書の初出論文は左記のとおりである。

初出一覧

第一章　「フォーディズムと企業の社会的責任論」鈴木幸毅・百田義治編『企業社会的責任の研究』中央経済社、二〇〇八年

第二章　「フォードシステムと分業の機能の科学化」(1)(2)(3)『経営研究』大阪市立大学、第六三巻第三号（二〇一二年）、第四号（二〇一三年）、第六四巻第一号（二〇一三年）

第三章　同『経営研究』および「循環統合型生産システムの模索」浅野宗克・坂本清編『環境新時代と循環型社会』学文社、二〇〇九年を加筆修正

第四章　「日本的生産システムの特質と動向」宗像正幸・坂本清・貫隆夫編『現代生産システム論』ミネルヴァ書房、二〇〇〇年を加筆修正

二〇一六年二月

著　者

参考文献

・Abernathy, W. J., *et. al.*, *Industrial Renaissance*, Basic Books, 1983.（『インダストリアル・ルネサンス』日本興業銀行産業調査部訳、ＴＢＳブリタニカ、一九八四年）

・Alford, L. P., *Laws of Management applied to Manufacturing*, Ronald Press Co., 1928.

・Arnold, H. L. and F. L. Faurote, *Ford Method and the Ford Shops*, The Engineering Magazine Company, 1915.

・Babbage, C., *On the Economy of Machinery and Manufactures*, Charles Knight, London, Chap. 19, 1832.（「分業について」『経営思想変遷史』上野一郎監訳、産業能率大学出版、一九六八年）

・Batchelor, R., *Henry Ford*, Manchester University Press, 1994.（『フォーディズム』楠井敏朗・大橋陽訳、日本経済評論社、一九九八年）

・Benson, A. L., *The New Henry Ford*, Funk & Wagnalls Company, 1923.

・Braverman, H., *Labor and Monopoly Capital*, Monthly Review Press, 1974.（『労働と独占資本』富沢賢治訳、岩波書店、一九七八年）

・Chandler, A. Jr., *Giant Enterprise*, Harcourt, Brace and World, Inc., 1964.（『競争の戦略―ＧＭとフォード―栄光への足跡』内田忠夫・風間禎三郎訳、ダイヤモンド社、一九七〇年）

・Drucker, P. F.,

ａ　*The New Society*, 1950.（『新しい社会と新しい経営』現代経営研究会訳、ダイヤモンド社、一九五七年）

ｂ　*Technology, Management, Society*, Harper & Row Publishers, 1958.

・Ford, H.,

a　*My Life and Work* (with S. Crowther), 1922, Reprint Edition, Arno Press Inc., 1973.（『我が一生と事業』加藤三郎訳、文興院、一九二四年）

b　*Today and Tomorrow,* (with S. Crowther), William Heinemann Ltd., 1926.（『フォード経営』稲葉襄監訳、東洋経済新報社、一九六八年、竹村健一訳『藁のハンドル』祥伝社、一九九一年／中央公論新社、二〇〇二年）。本書では、『フォード経営』を使用。

c　*Moving Forward* (with S. Crowther), William Heinemann, Ltd., 1931.

d　*My Philosophy of Industry* (interview by F. L. Faurote), Coward-McCann, Inc 1929.（『フォードの産業哲学』荻原隆吉訳、松山房巌松堂書店、一九二九年）

e　『フォードの事業と教訓』能率研究部編、中外産業調査会、一九二八年

f　『ヘンリー・フォードの軌跡』豊土栄訳、創英社／三省堂、二〇〇〇年

- Gantt, H. L., *Industrial Leadership*, Association Press, 1915.
- Gantt, H. L., *Organizing for Work*, Harcourt, Brace & Howe, 1919.
- Gottl-Ottlilienfeld, F. v., *Fordismus über Industrie und technische Vernunft*, 3.Aufl., Jena, 1926.
- Hindle, B. and S. Luber, *Engines of Change*, National Museum of American History, Smithsonian Institution, 1986.
- Hounshell, D. A., *From the American System to Mass Production, 1800-1932*, The Johns Hopkins University Press, 1984.（『アメリカン・システムから大量生産へ』和田一夫他訳、名古屋大学出版会、一九九八年）
- Lacy, R., *FORD: The Man and the Machine*, Curtis Brown Ltd., 1986.（『フォード』（上）小菅正夫訳、新潮文庫、一九八九年）
- Lilly, S., *Automation and Social Problem*, Lawrence and Wishhart Ltd., 1957.（『オートメーションと社会進歩』鎮目恭夫訳、みすず書房、一九五七年）
- Marx, K., *Das Kapital*, 1867.（『資本論』第一巻、資本論翻訳委員会訳、新日本出版社新書版(3)、一九八三年）

・Meyer, S. III, *The Five Dollar Day*, State University of New York Press, 1981.
・Mumford, L., *Technics and Civilization*, Harcourt, Brace & Co., 1934.（『技術と文明』(3)、生田勉訳、鎌倉書房、一九五四年）
・Nevins, A. and F. E. Hill, *Ford: The Times, The Man, The Company*, Chales Scribner's Sons, 1954.
・Nevins, A. and F. E. Hill, *Ford: Decline and Rebirth 1933-1962*, Chales Scribner's Sons, 1962.
・Sloan Jr. A. P., *My Years with General Motors*, Doubleday & Company Inc., 1963.（『ＧＭとともに』田中融二・狩野貞子・石川博友訳、ダイヤモンド社、一九六五年）
・Smith, A., *An Inquiry into the Nature and Causes of the Wealth of Nations*, 1776.（『諸国民の富』大内兵衛・松川七郎訳、岩波文庫版（一）、一九五九年）
・Sorensen C. E., *My Forty Years with Ford*, A. Watkins Inc., 1956.（『フォード—その栄光と悲劇』高橋達男訳、産業能率短期大学出版部、一九六五年）
・Utterback, J. M., *Mastering the Dynamics of Innovation*, Harvard Business School Press, 1994（『イノベーション・ダイナミクス』大津正和・小川進監訳、有斐閣、一九九八年）
・アベグレン他編著『ポートフォリオ戦略』プレジデント社、一九七七年
・有川治助『ヘンリー・フォード』改造社、一九二七年
・大野耐一『トヨタ生産方式』ダイヤモンド社、一九七八年
・加藤哲郎、Ｒ・スティーヴン編『日本型経営はポストフォーディズムか』窓社、一九九三年
・古林喜楽「流れ作業について」『内外研究』第三巻第三号、一九三〇年、古林喜楽著作集第七巻『労務論論稿』千倉書房、一九八四年
・坂本清
　a「フォーディズムと企業の社会的責任論」『企業社会責任の研究』（鈴木幸毅・百田義治編）、中央経済社、二〇〇八年

b 「F・W・テイラーによる熟練の分解過程と管理システムの形成」(1)(2)『経営研究』(大阪市立大学)第三九巻第三号・第四号、一九八八年
c 「生産システムとは何か」『経営研究』(大阪市立大学)第五三巻第二号、二〇〇二年
d 「循環統合型生産システムの模索」浅野宗克・坂本清編『環境新時代と循環型社会』学文社、二〇〇九年
e 「日本的経営論再考」『経営研究』(大阪市立大学)第五九巻第四号、二〇〇九年
f 「日本的生産システムの特質と動向」宗像正幸・坂本清・貫隆夫編『現代生産システム論』ミネルヴァ書房、二〇〇〇年
g 「フォードシステムと分業の機能の科学化」『経営研究』(大阪市立大学)第六三巻第三号(二〇一二年)、第四号(二〇一三年)、第六四巻第一号(二〇一三年)
・塩見治人『現代大量生産体制論』森山書店、一九七八年
・下川浩一『フォード』東洋経済新報社、一九七二年
・津田真澂《ますみ》『日本的経営と共同生活体』中央経済社、一九七七年
・テイラー著、上野陽一訳『科学的管理法』産業能率大学出版、一九六九年
・中西寅雄『經營經濟學』日本評論社、一九三一年
・中村静治『現代工業経済論』汐文社、一九七三年
・マネジメント社編『フォードの工場經營原則』マネジメント社、一九三〇年
・宮田喜代蔵『經營原理』春陽堂、一九三一年
・藻利重隆『經營管理総論』(第二新訂版)千倉書房、一九六五年(初版は一九四八年)
・由井浩『日米英企業の品質管理史—高品質企業経営の原点』中央経済社、二〇一一年
・和田一夫『ものづくりの寓話』名古屋大学出版会、二〇〇九年

わ行

ま行

や行

ら行

た行

な行

は行

さ行

索　引

あ行

か行

坂本　清（さかもときよし）
1941年生まれ
1960年　福島県立磐城高等学校卒業
1973年　早稲田大学大学院商学研究科博士課程単位取得退学。
その後、富士大学（旧奥州大学）助教授、和光大学教授、大阪市立大学教授、宝塚大学専門職大学院教授、大阪経済法科大学教授を経て
現　在　大阪市立大学名誉教授
大阪経済法科大学地域総合研究所客員教授

主な業績

『経営革新へのアプローチ』(共編)八千代出版、1996年
『現代企業経営とフレキシビリティ』(共編)八千代出版、1997年
『日本企業の生産システム』(編)中央経済社、1998年
『現代生産システム論』(共編)ミネルヴァ書房、2000年
『日本企業の生産システム革新』(編)ミネルヴァ書房。2005年
『環境新時代と循環型社会』(共編)学文社、2009年
『フォードシステムともの作りの原理』（第1版）学文社、2016年
『熟練・分業と生産システムの進化』文眞堂、2017年
その他多数

フォードシステムともの作りの原理

二〇一六年四月十五日　第一版第一刷発行
二〇一八年一月三一日　第一版第二刷発行

◎検印省略

著者　坂本　清

発行所　株式会社　学文社
発行者　田中　千津子

〒一五三-〇〇六四　東京都目黒区下目黒三-六-一
電話　〇三(三七一五)一五〇一(代)
FAX　〇三(三七一五)二〇一二
http://www.gakubunsha.com

乱丁・落丁の場合は本社でお取替えします。
定価は売上カード、カバーに表示。

印刷所　新灯印刷株式会社

ISBN978-4-7620-2643-0